RELATIONS

ENTRE LES

Maladies de l'Oreille et celles de l'Œil

PAR

Le Docteur Georges LAURENS

ANCIEN INTERNE DES HÔPITAUX DE PARIS

ANCIEN CHEF DE CLINIQUE

DES MALADIES DU LARYNX, DU NEZ ET DES OREILLES

PARIS

Georges CARRÉ ET C. NAUD, Éditeurs

3, RUE RACINE

1897

RELATIONS

ENTRE LES

Maladies de l'Oreille et celles de l'Œil

PAR

Le Docteur Georges LAURENS

ANCIEN INTERNE DES HÔPITAUX DE PARIS

ANCIEN CHEF DE CLINIQUE

DES MALADIES DU LARYNX, DU NEZ ET DES OREILLES

PARIS

GEORGES CARRÉ ET C. NAUD, ÉDITEURS

3, RUE RACINE

—

1897

TRAVAUX DU MÊME AUTEUR

Un cas de hernie de la glande sous-maxillaire (*Presse médicale*, 1895).

Phlébite rhumatismale du tronc de la sous-clavière et de l'axillaire droites (M. MACAIGNE et G. LAURENS, *Société anatomique*, 1895).

Végétations adénoïdes tuberculeuses (*Médecine moderne*, 1895).

Relations des maladies du nez et de ses annexes avec les maladies des yeux (*Gazette des hôpitaux*, 1895).

Un cas d'œdème aigu primitif du larynx (L. LÉVI et G. LAURENS, *Archives générales de médecine*, décembre 1895).

Troubles oculaires réflexes d'origine nasale (*Annales d'oculistique*, mai 1896).

Anesthésie par l'huile gaïacolée en otologie, rhinologie et laryngologie (*Annales des maladies de l'oreille, du nez et du larynx*, janvier 1896.

Affections nasales et troubles oculaires réflexes (*Presse médicale*, janvier 1896).

Des queues de cornet (Revue critique in *Archives internationales de laryngologie*, 1896).

A MON MAITRE EN LARYNGOLOGIE

Monsieur le Docteur Marcel LERMOYEZ

MÉDECIN DE L'HÔPITAL SAINT-ANTOINE

Mon excellent Maitre,

Pendant près de trois ans que j'ai passés près de vous, comme interne ou chef de clinique, j'ai pu apprécier votre enseignement si élevé, votre habileté opératoire, votre méthode de travail.

En dehors de l'hôpital, j'ai toujours trouvé auprès de vous un accueil sympathique, un dévouement constant et un empressement à prodiguer d'affectueux conseils. Votre élève, mon cher maître, vous en remercie de tout cœur et ne l'oubliera pas. Il vous prie d'accepter l'hommage de ce modeste travail, qu'il eût souhaité plus digne de vous, comme l'expression de son profond respect et de sa vive gratitude.

Dr Georges LAURENS

A MES MAITRES DANS LES HÔPITAUX

Monsieur le Docteur LUCAS-CHAMPIONNIÈRE
(Internat 1894-1895)

Monsieur le Docteur NÉLATON
(Internat 1894-1895)

Monsieur le Docteur RICHELOT
(Internat 1896)

Monsieur le Docteur DELENS
(Internat 1893-1894)

Monsieur le Docteur TAPRET
(Internat 1895-1896)

Monsieur le Docteur TALAMON

Monsieur le Docteur LERMOYEZ

A MM. les Docteurs Léon LABBÉ, SÉBILEAU,
WALTHER, POIRIER

A la mémoire des Docteurs FERÉOL et LEGROUX

En témoignage de ma vive gratitude.

Je remercie les Docteurs POLITZER et URBANTSCHITSCH (de Vienne), BRIEGER (de Breslau), SCHMIEGELOW (de Copenhague), COZZOLINO (de Naples), des renseignements qu'ils ont bien voulu me fournir pour ce travail.

Avant-Propos

L'idée première de ce travail nous a été suggérée par un cas que nous avons observé à l'hôpital Saint-Antoine, en septembre 1895, à la consultation laryngologique que notre maître, le Dr Tapret, avait bien voulu nous confier dans son service. Il s'agissait d'un malade atteint d'otite moyenne aiguë purulente, qui présenta à un certain moment des phénomènes d'asthénopie, unilatéraux et siégeant du côté de l'oreille malade. La paracentèse du tympan amena la disparition complète du trouble oculaire en quelques heures. Mais la rétention du pus s'étant produite dans la caisse, la perforation artificielle s'étant refermée, l'asthénopie reparut. Une nouvelle paracentèse fut pratiquée qui amena l'évacuation de l'oreille moyenne et la disparition du trouble visuel. Et ainsi pendant trois jours évoluèrent successivement et parallèlement les deux ordres d'accidents, otique et oculaire, liés l'un à l'autre d'une manière absolue, quand le malade vint à présenter des symptômes de mastoïdite. Nous dûmes pratiquer la trépanation de l'apophyse et dès lors la complication oculaire disparut totalement.

Nous avons également observé un cas de nystagmus consécutif à un lavage du conduit auditif et ces deux faits ont été le point de départ de nos recherches.

Très peu d'auteurs, en France, se sont occupés des rapports que le sens de l'ouïe pouvait affecter avec celui de la vision. La plupart des observations proviennent de l'étranger et il en est de cette question comme de celle des abcès cérébraux, dont Luc a trouvé seulement huit cas signalés et publiés en France. Dans aucun traité d'ophtalmologie ou d'otologie, il n'est accordé un chapitre spécial à cette étude, qui a suscité cependant quelques travaux intéressants dans ces dernières années.

La seule relation, empirique, qui ait été vue pendant longtemps entre ces deux organes s'est bornée simplement à ce fait, à savoir que la présence d'une otorrhée était en quelque sorte précieuse pour l'œil ! Un peu plus, on aurait entretenu, si l'on avait pu, une bonne otorrhée, bien fétide et d'odeur repoussante, car on vivait sur ce principe, que la suppression d'un écoulement auriculaire pouvait retentir défavorablement sur l'œil : l'otorrhée était un émonctoire naturel qu'il fallait conserver.

Longtemps après, on s'applique à guérir l'otorrhée, mais pour prévenir les conséquences fâcheuses que cette suppression, trop rapide, pouvait avoir sur les yeux, on établit des exutoires artificiels (vésicatoires derrière l'oreille, par exemple).

Plus tard, toute la question a été résumée dans le phénomène de « l'audition colorée », et comme ces faits, — au début, — pour certains auteurs, semblaient tenir du merveilleux ou d'une aimable fantaisie, le sujet fut un peu délaissé pour être enfin repris par les physiologistes et les cliniciens.

Ce sont en effet les expériences physiologiques qui ont nettement montré les rapports étroits qui existent entre l'oreille et l'œil. Les recherches de Cyon, Urbantschitsch, Baginsky, Högyes, Lucœ, etc., sur les canaux semi-circulaires ont déterminé leurs fonctions physiologiques et leur influence sur les mouvements oculaires.

Les observations cliniques sont venues à l'appui des données fournies par la physiologie expérimentale. On a commencé à voir que l'œil pouvait avoir des relations pathologiques avec les affections d'autres organes :

a) voisins (dents, fosses nasales et sinus).

b) éloignés (reins, cœur, foie, utérus, etc.)

Or il est remarquable que d'une série d'organes innervés par le trijumeau (œil, nez et sinus, dents, oreilles, etc.) et dont par conséquent toutes les affections peuvent retentir sur les systèmes voisins, ce soit l'oreille qui ait été négligée, car longtemps on a ignoré les connexions que cet appareil sensoriel pouvait avoir avec l'œil. On ne connaissait uniquement que les rapports anatomo-physiologiques et pathologiques du nez et des cavités adjacentes : 1º avec l'œil, 2º avec l'oreille, parce qu'il y avait entre eux communication directe, d'une part, au moyen du canal lacrymo-nasal, de l'autre par l'intermédiaire de la trompe d'Eustache.

Cependant tous les organes que nous énumérions plus haut sont placés dans un circuit innervé par un nerf commun, la 5e paire ; qu'un des éléments de ce circuit soit lésé, son affection pourra retentir sur l'élément voisin et à chaque instant ne voit-on pas une maladie du nez (rhinite hypertrophique, polypes) provoquer un trouble oculaire réflexe (blépharospasme, asthénopie, etc.) ; une carie dentaire provoquer de l'otalgie, ou des désordres visuels, etc. ; très nombreux sont les exemples que l'on pourrait citer de la sorte.

Pendant longtemps, cette intervention du trijumeau dans les troubles oto-oculaires a été inconnue. On ne connaissait la réaction de l'oreille sur l'œil que par l'abcès cérébral, les méningites purulentes, en somme par tous les accidents encéphaliques consécutifs aux suppurations auriculaires. La névrite optique était à peu près le seul trouble oculaire produit par une lésion de l'oreille. Plus tard on a observé d'autres altérations du fond de l'œil, du nystagmus, de l'hémianopsie, des paralysies oculaires dans les cas d'otite moyenne suppurée compliquée.

Des observations de blépharospasme (Rampoldi, Buzzard) à la suite d'irritation de l'oreille externe (injection, extraction de corps étranger) sont venues démontrer la participation du trijumeau dans ces accidents.

Le myosis a été noté à la suite de l'inflammation de la mastoïde. On a signalé aussi des troubles de l'accommodation (Politzer, Urbantschitsch) après l'excitation des rameaux sensitifs de la cinquième paire répandus dans l'oreille, accidents généralement transitoires et disparaissant après la guérison de l'affection otique. Des cas de rétrécissement du champ visuel, de diminution de l'acuité de la vue, d'héméralopie, en rapport avec des maladies de l'oreille moyenne ont été vus par quelques auteurs. Nous rapporterons, au cours de ce travail, la série des symptômes oculaires qui peuvent être attribués aux affections de l'oreille.

Nous avons en vue deux points principaux :

1º La réaction pathologique de l'oreille sur l'œil ;

2º Le phénomène inverse, — beaucoup moins important et dont il n'existe que quelques cas.

C'est dire que nous éliminons une série de maladies générales ou diathèses qui, d'une façon assez fréquente, se localisent uniquement sur ces deux appareils sensoriels. Ainsi la syphilis héréditaire qui ne se traduit souvent que par la surdité et la kératite, les affections des centres nerveux (tabes en particulier, dont les manifestations du début atteignent quelquefois l'oreille interne et le nerf optique, s'exprimant par le vertige et l'atrophie optique). Nous éliminons toutes les tumeurs cérébrales qui, par la compression des nerfs crâniens, réalisent parfois simultanément des troubles auditifs et oculaires, tout à fait indépendants l'un de l'autre.

Notre sujet comprendra l'étude :

a) Des rapports anatomiques et physiologiques entre l'oreille et l'œil ;

b) Des relations pathologiques qui en découlent avec l'analyse des symptômes observés.

Mais avant, disons que, à côté de l'influence physiologique et pathologique du sens de l'ouïe sur celui de la vision et réciproquement, il y a toute une étude à faire, sur ce sujet, au point de vue psychologique.

On a voulu établir un parallèle et une comparaison entre l'aveugle et le sourd. On a dit que l'aveugle instruit était étranger au monde physique, le sourd au monde moral, que celui-ci surmontait mieux que l'autre les difficultés matérielles, au contraire, en présence de difficultés morales l'aveugle était bien supérieur au sourd. Les aveugles feraient preuve de beaucoup plus d'intelligence que les sourds, et, à ce propos, dans l'Histoire, on ne trouve qu'un seul sourd-muet de naissance ayant publié un travail littéraire (Alexandre Berthier), tandis que parmi les aveugles on a rencontré un grand nombre d'hommes célèbres, dans toutes les branches de l'activité humaine, aussi bien dans les lettres que dans les sciences et les arts.

Nous laissons aux psychologues le soin de résoudre tous les

éléments de ce problème complexe, nous ne retiendrons que ce fait qui nous intéresse, à savoir la suppléance de l'ouïe chez les sourds par la lecture sur les lèvres, qui leur permet, si nous pouvons nous exprimer ainsi, de voir la parole qu'ils ne peuvent entendre. C'est un phénomène instinctif qui a toujours existé et dont nous trouvons la première expression littéraire dans Rabelais. « Un nommé Nello de Gabrielis, lequel, par accident, estait sourd devenu : ce non obstant, entendait tout homme italien, parlant tant secrètement que ce fust, seulement à la veue de ses gestes et mouvements des lèvres. » Dans beaucoup de cas, l'œil peut, avec beaucoup d'efficacité, suppléer l'oreille et rendre les sourds à la vie sociale.

CHAPITRE I

Parallèle entre l'organe de l'ouïe et celui de la vue

L'étude comparative des maladies des oreilles et des yeux montre des analogies entre ces deux organes, au point de vue anatomique, physiologique et pathologique.

Comme dans tous les organes des sens, mais ici beaucoup plus complexes et plus délicats, on trouve des appareils de réception, de transmission et de perception. Les systèmes de perception, c'est-à-dire périphériques, auriculaire et oculaire, sont reliés par des connexions nerveuses, de même les appareils de réception sont réunis dans la substance cérébrale au moyen des noyaux moteurs qui établissent des relations ampullo-oculo-motrices. Nous le démontrerons au cours de cè travail.

Deux canaux, dépendant de l'œil et de l'oreille et nécessaires à la fonction physiologique de ces organes, les font communiquer avec une cavité commune où ils aboutissent, les fosses nasales. Tous deux sont des conduits ostéo-membraneux, ayant dans une partie de leur trajet une muqueuse pour ainsi dire commune. Ils concourent à un but analogue : le canal nasal déverse dans le nez les larmes qui ont lubréfié le segment antérieur des globes oculaires, la trompe d'Eustache aère et ventile la caisse du tympan. Il en résulte que leur pathologie est identique : qu'il survienne une obstruction dans ces conduits, il se développera un catarrhe muqueux et même purulent, soit dans le canal nasal ou dans le sac lacrymal, soit dans la trompe ou la caisse. La thérapeutique de leurs affections emploiera les mêmes procédés pour les combattre : que ces canaux soient insuffisamment développés, que leurs parois soient accolées et provoquent un rétrécissement, une sténose consécutive, il faudra recourir à un moyen unique : la dilatation et le cathétérisme. Elle est réalisée dans le conduit lacrymo-nasal à l'aide de la sonde, dans la trompe avec le bougirage.

On a pu établir aussi un parallèle entre les appareils de protection et d'accommodation de l'œil et ceux de l'oreille. Le système musculaire de la membrane du tympan, constitué par les muscles tenseur et relâcheur, constitue un appareil spécial qui ne permet pas un égal passage à toutes les ondes sonores. Les muscles du marteau et de l'étrier auraient leur analogue dans l'iris. Le musle interne du marteau, dit M. Duval, ayant pour fonction de protéger la membrane du tympan, et par suite l'oreille interne contre les vibrations trop intenses des sons forts, correspondrait aux fibres circulaires de l'iris, au constricteur de la pupille qui protège la pupille contre une lumière trop intense. Le muscle de l'étrier, rendant l'organe de l'ouïe plus sensible aux sons les plus faibles, correspondrait aux fibres radiées de l'iris. Ce muscle du marteau, que quelques personnes peuvent contracter à volonté, obéit physiologiquement à une action réflexe dont l'étude est bien exposée par J. Müller : « Si l'on admet, dit-il, qu'à l'occasion d'un son très intense, le muscle du tympan entre en action par l'effet d'un mouvement réflexe, de même que font l'iris et le muscle orbiculaire des paupières lors d'une impression de lumière très vive, attendu que l'irritation est transmise par les nerfs sensoriels au cerveau, et de celui-ci aux nerfs moteurs, il devient évident que, quand un bruit intense vient frapper l'oreille, le muscle du tympan peut assourdir l'ouïe par son mouvement réflexe. »

L'analogie existe aussi dans le fait suivant. On sait que les affections de l'oreille moyenne contribuent pour une assez grande part à la compression de l'oreille interne ; comme le muscle du marteau est innervé par un filet de la branche otique du trijumeau et celui de l'étrier par le facial, s'il survient une paralysie de ce dernier nerf, le tensor agira seul, et on connaît les effets produits par la contraction du muscle du marteau lorsqu'ils ne sont pas contrebalancés par ceux de l'étrier. Le spasme ou la contraction du muscle du marteau agira de même. Ces phénomènes sont à rapprocher de ce que l'on observe dans l'œil, lorsqu'il existe une prédominance d'un des muscles droits, par exemple.

Un parallèle peut aussi être établi entre l'oreille et l'œil au point de vue clinique, car la compression des nerfs labyrinthique et optique provoque des troubles tout à fait analogues. Quand, pour des causes diverses, l'aération de la caisse du tympan se fait mal, que l'air s'y raréfie et que le vide finit par s'y établir, la pression atmosphérique déprime la membrane, par suite les osselets et l'étrier. La pression de ce dernier se transmet au liquide labyrinthique, qui, comme tous les liquides, est incompressible. L'effet de la pression ne pouvant agir sur les parois osseuses de la cavité du labyrinthe, se fait sentir sur les parties molles, c'est-à-dire sur la fenêtre ronde et sur les points de pénétration intra-labyrinthique des vaisseaux et des nerfs. D'où : compression artério-veineuse et par suite troubles dans la vascularisation de l'oreille interne, compression nerveuse qui entraîne l'anesthésie acoustique, la surdité et les bourdonnements, bourdonnements qui sont en quelque sorte les phosphènes de l'œil. On a pu, avec raison, caractériser cette exagération de la tension intra-labyrinthique du nom de glaucome auriculaire.

Voilà pour l'oreille. Du côté de l'œil, les choses se passent d'une façon analogue quand il y a excès de pression, ce qui arrive dans le glaucome. Comme dans l'oreille, nous voyons ici un tissu inextensible, la sclérotique, qui résiste, seules les parties dépressibles cèdent à la pression intra-oculaire : c'est d'une part le segment antérieur, d'autre part les fibres du nerf optique à leur entrée dans le tissu sclérotical. La pression refoule celles-ci en arrière et produit l'excavation de la papille. Des deux côtés les désordres sont les mêmes. Ici la compression des fibres nerveuses provoque une anesthésie visuelle, dite glaucomateuse : ce trouble de la vision cesse dès que finit l'accès glaucomateux. Que ces accès aigus se répètent fréquemment ou que, progressivement, s'installe un glaucome chronique, l'anesthésie visuelle s'établira définitivement, c'est-à-dire la cécité.

Dans l'oreille et dans l'œil les accidents n'évoluent pas toujours d'une manière rapide et fatale, grâce à certaines conditions qui atténuent la puissance de la pression dans les deux organes. Ainsi dans l'oreille interne, deux canaux, l'aqueduc du vestibule et l'aqueduc du limaçon, constituent en quelque sorte des soupapes de sûreté qui permettent dans une certaine mesure au liquide intra-labyrinthique de fuir sous la pression et par suite diminuent l'intensité de la compression exercée sur les terminaisons de l'acoustique. L'aqueduc du vestibule évacuera une certaine quantité d'endolymphe dans le réservoir intra-dure-mérien ; l'aqueduc du limaçon, par sa communication avec l'espace sous-arachnoïdien, laissera échapper un peu de péri-lymphe. Dans l'œil il existe également des voies de sûreté qui, lorsqu'elles sont perméables, permettent aux liquides intra-oculaires de s'échapper et diminuent l'intensité de la pression. Ces voies d'excrétion viennent-elles à être obstruées, comme dans le glaucome, l'équilibre est rompu, la pression augmente de plus en plus, comprime les fibres du nerf optique d'une manière permanente et amène la cécité.

Aussi les procédés thérapeutiques s'inspirent-ils des mêmes principes quand il s'agit de diminuer la compression, oculaire ou labyrinthique, et d'évacuer les liquides pathologiques. La ponction de la membrane du tympan est empruntée à la chirurgie oculaire, et c'est la paracentèse de la cornée qui a suggéré celle du tympan. L'otologie a certainement profité pour une large part des progrès de l'oculistique, il n'est pas jusqu'aux méthodes d'examen et de technique qui ne soient similaires, il suffit de rappeler l'application à l'otologie des miroirs, destinés à réfléchir la lumière dans le conduit auditif pour l'éclairer, et basée sur la découverte de l'ophtalmoscope.

CHAPITRE II

Rapports anatomiques entre l'oreille et l'œil

Ces rapports, démontrés par des recherches anatomiques récentes, se font : 1º par l'intermédiaire du système nerveux, principalement ; 2º accessoirement, par le système circulatoire.

1º Les connexions nerveuses entre l'oreille et l'œil ont lieu : *a*) au niveau des noyaux bulbo-protubérantiels ; *b*) à la périphérie.

a) Au niveau des noyaux centraux. — On sait que le nerf acoustique ou auditif est formé par l'accolement de deux racines dont l'origine et la terminaison sont différentes : ce sont le nerf cochléaire destiné au limaçon, et le nerf vestibulaire qui se rend au vestibule membraneux. Cette dernière branche nerveuse contient les fibres du nerf ampullaire et, avec elles, dit Bonnier, aboutit à la base des cornes postérieures, représentées dans le bulbe par trois noyaux, dont deux postérieurs, le *noyau de Bechterew* ou *noyau vestibulaire*, et le *noyau interne* sont situés sous le plancher du quatrième ventricule, et dont l'antérieur, le *noyau de Deiters*, semble être le prolongement de la colonne vésiculeuse de Clarke. Plusieurs auteurs, M. Duval, Edinger, admettent que toutes les fibres de ce nerf vestibulaire ne se terminent pas dans ces noyaux, mais qu'un grand nombre vont par le corps restiforme aboutir au cervelet, formant ainsi la racine cérébelleuse du nerf acoustique. Or, la physiologie nous apprend quels importants rapports existent entre l'appareil ampullaire et le cervelet.

Mais nous nous occuperons seulement ici des connexions entre ces noyaux et l'appareil nucléaire des oculo-moteurs :

Le noyau antérieur s'unit au noyau interne du même côté, à l'olive supérieure du même côté et à celle du côté opposé. De plus les deux noyaux, interne et de Deiters, sont mis en relation avec celui de la 6ᵉ paire, c'est-à-dire avec le moteur oculaire externe. Comme conséquence de toutes ces connexions nucléaires, nous voyons que le nerf auditif se met en rapport avec le nerf de la 6ᵉ paire. De plus, il y a association fonctionnelle entre celui-ci et les centres oculo-moteurs de la quatrième et de la sixième paire et ainsi s'établit une relation directe et bien définie entre le système auditif et l'appareil moteur oculaire ; c'est de la sorte que l'on peut expliquer tous les réflexes oculo-moteurs observés dans les troubles auriculaires. Tous ces rapports nucléaires ont été précisés, grâce aux travaux de Edinger, Bechterew, Kôlliker, M. Duval, Hensen, P. Bonnier, etc.

Signalons aussi les rapports très intimes qu'affecte la racine descendante sensitive du trijumeau avec l'acoustique, relations qui expliquent la coexistence de lésions trophiques simultanées de l'oreille et l'œil, quand il se produit une lésion à ce niveau (expériences de Laborde).

b) A la périphérie. — Le trijumeau a une grande part dans l'innervation commune de l'oreille et de l'œil. D'une part, au moyen de la branche ophtalmique de Willis, il tient sous sa dépendance toute la sensibilité de l'organe de la vue. D'autre part, grâce au ganglion otique, il envoie des filets nerveux à l'oreille moyenne, à la membrane du tympan, etc. Ajoutons que l'auriculo-temporal, né de la troisième branche du trijumeau, se distribue au revêtement cutané du conduit et au pavillon. En somme, si nous considérons le ganglion de Gasser comme le sommet d'un triangle dont les deux autres angles sont occupés l'un par l'oreille, l'autre par l'œil, nous voyons que deux côtés sont formés par le trijumeau ou ses branches qui vont se distribuer aux deux organes sensoriels, le troisième côté, qui va de l'un à l'autre, est représenté par le facial qui s'anastomose avec le trijumeau.

Enfin le grand sympathique se distribue aussi à l'œil et à l'oreille.

2º Les rapports qui s'exercent par les voies vasculaires sont moins importants. Ils ont lieu par l'intermédiaire des sinus veineux, c'est-à-dire d'une manière très indirecte.

Cette étude rapide va nous permettre de comprendre l'action physiologique en vertu de laquelle l'organe auditif retentit sur celui de la vue.

CHAPITRE III

Rapports physiologiques entre l'oreille et l'œil

L'association physiologique fonctionnelle des deux organes de l'ouïe et de la vue est mise en évidence par l'étude anatomique des connexions nerveuses étroites entre les deux appareils sensoriels.

Ces rapports existent comme nous l'avons vu : 1° à la périphérie ; 2° dans les centres cérébraux.

L'étude des rapports physiologiques entre l'oreille et l'œil comporte plusieurs points :

1° La question des centres d'associations motrices des mouvements coordonnés de l'œil et du pavillon auriculaire ;

2° La physiologie du trijumeau dans ce qu'elle a de commun aux deux organes (recherches expérimentales démontrant les troubles trophiques qui les atteignent simultanément quand on produit une lésion du nerf), et les réflexes qui suivent le trajet de cette cinquième paire ;

3° Divers autres réflexes oto-ophtalmiques ;

4° Les fonctions des canaux semi-circulaires, au point de vue oculo-moteur ;

5° Le phénomène de l'audition colorée.

I. — Centres d'associations motrices des mouvements coordonnés de l'œil et du pavillon auriculaire

Cette coordination, cette association motrice est prouvée par les expériences de Ferrier et de Ch. Richet. Par l'excitation de la première circonvolution temporale, chez les animaux, Ferrier a constaté que l'oreille du côté opposé se dresse et que les yeux exécutent un mouvement dans le même sens.

Ch. Richet a fait des recherches sur le réflexe de direction de l'oreille chez le lapin.

Il a montré qu'il y avait adaptation de la direction du pavillon de l'oreille avec les sensations visuelles. En enlevant les circonvolutions temporales du lapin, celui-ci devient sourd, mais la vue est conservée ; si l'on déplace un objet placé dans son champ visuel, on voit son pavillon de l'oreille se déplacer en même temps que l'objet. Cette expérience, qui réussit toujours, met en évidence la synergie fonctionnelle des deux organes des sens.

II. — ACTION DU TRIJUMEAU SUR L'OREILLE ET L'ŒIL

Cette action est démontrée : 1° par des lésions expérimentales portant sur l'origine du trijumeau (expériences de MM. Duval et Laborde) ; 2° par des lésions expérimentales de l'oreille et surtout par les processus pathologiques de cet organe.

1° Au cours de leurs recherches sur la racine descendante du trijumeau, MM. Duval et Laborde ont pu observer des troubles trophiques atteignant à la fois l'œil et l'oreille. La blessure ou la section de ces fibres descendantes de la 5e paire chez les animaux (chiens et lapins) a déterminé des troubles de circulation et de nutrition dans tout le territoire du trijumeau, et en particulier, au point de vue qui nous occupe, du côté de l'œil et de l'oreille. Ils ont ainsi obtenu l'insensibilité de l'œil et les troubles trophiques suivants : injection oculaire, forte tuméfaction conjonctivale, opacité plus ou moins considérable de la cornée, fonte purulente de l'œil. Chez le chien ces troubles se produisent avec moins de rapidité que chez le lapin. Cette influence trophique s'exerce aussi sur l'oreille moyenne dont les altérations ont été particulièrement étudiées par Gellé, qui les a très bien décrites. A la suite des lésions produites chez les chiens et les lapins par MM. Duval et Laborde, Gellé a pu voir la muqueuse de la caisse du tympan se vasculariser d'une façon très accusée du côté répondant au nerf lésé. Dans un cas, la lésion ayant été bilatérale, les deux bulles du chien opéré présentaient la même altération : injection très vive et une petite quantité de liquide rougeâtre. Gellé a pu constater aussi chez des cobayes et des lapins des hémorrhagies, de la suppuration dans la bulle et l'oreille interne.

Voilà des expériences qui démontrent bien l'influence trophique du trijumeau s'exerçant simultanément sur l'oreille et l'œil : dans ces cas, les recherches ont porté sur les origines de la cinquième paire.

Nous avons pu trouver dans la littérature médicale un cas où la résection du trijumeau dans son trajet intra-crânien a produit des altérations inflammatoires de l'appareil auditif. Asher, en 1894, a publié un cas d'otite moyenne consécutive à la résection de deux branches du trijumeau.

« Il s'agit d'une malade de 37 ans affectée, depuis sept ans, de névralgie de toutes les branches du trijumeau droit, mais n'ayant jamais présenté le moindre trouble du côté de l'appareil auditif. Le 13 juin 1893, Czerny fit la résection des deuxième et troisième branches du trijumeau par la méthode ostéoplastique intra-crânienne de Krause. Les douleurs cessèrent à la suite de l'opération, mais dès le 7 juillet la malade commença à souffrir de nouveau dans l'oreille droite, principalement au niveau de l'apophyse mastoïde. Ces douleurs augmentèrent dans la suite, et l'examen de l'oreille, le 13 juillet, permit de poser le diagnostic d'otite moyenne avec propagation aux cellules mastoïdes. En outre, au bout de quelques jours, apparurent des symptômes indiquant l'extension des lésions inflammatoires à l'oreille interne. Au bout de trois mois, la malade était guérie de sa névralgie, mais elle conservait les symptômes d'un catarrhe chronique simple de l'oreille moyenne. » Asher discute le cas et les hypothèses qui peuvent expliquer la complication otique, et il conclut à une inflammation névro-paralytique de l'oreille moyenne, consécutive à l'intervention sur le trijumeau. L'explication est plausible d'après ce que nous savons sur la physiologie de ce nerf.

2° Certaines lésions expérimentales ou pathologiques de l'oreille peuvent, par propagation, atteindre le trijumeau au niveau du ganglion de Gasser et déterminer des lésions oculaires. « Il n'est pas rare, dit Gellé, de rencontrer des sujets frappés à la fois de cécité et d'otorrhée unilatérales dans l'enfance. Le rapport de cause à effet des deux affections n'est peut-être pas difficile à établir ; la lésion du rocher qui cause l'otorrhée peut en effet avoir lésé le ganglion de Gasser, si proche du *tegmen tympani*, et provoqué des lésions trophiques consécutives ».

Au point de vue expérimental, Gellé ayant pratiqué la destruction des deux limaçons chez un cobaye, observa des troubles oculaires remarquables d'un côté ; l'œil droit présenta une opacité très marquée de la cornée, de la chute de la paupière, etc. A l'autopsie, il trouva un soulèvement du rocher et du ganglion de Gasser par une masse de pus qui englobait complètement le trijumeau et par suite la lésion trophique de l'œil droit s'expliquait par la destruction du trijumeau intra-crânien.

III. — Réflexes oculaires d'origine otique

Nous avons vu dans le chapitre précédent l'action de la 5º paire sur l'organe de la vision, nous allons passer ici en revue une série de phénomènes oculaires réflexes, d'origine otique, qui se produisent : 1º par la voie du trijumeau, 2º par l'intermédiaire d'autres nerfs.

Toute excitation de l'appareil auditif peut retentir sur l'œil par une action réflexe. Ainsi, par exemple, dans l'emploi du courant galvanique en otologie, on a pu observer une série de troubles : douleur, contraction des peauciers de la face, vertige, nausées, mouvements de déglutition, de salivation, etc., tous symptômes réflexes particulièrement bien étudiés par Duchenne de Boulogne, et qui résultent de l'excitation de tous les filets nerveux qui se distribuent aux différents segments de l'organe de l'ouïe. Duchenne a également signalé, dans ces cas, des phénomènes lumineux, qui sont de même ordre que les précédents.

Rappelons ici les troubles auditifs dus à l'impression de la lumière électrique, la surdité passagère produite par une excitation de la rétine, troubles qui trouveront mieux leur place et que nous discuterons au chapitre « De l'influence de l'œil sur l'oreille ».

Dans ses recherches sur l'influénce d'une excitation sensorielle sur les autres sens, Urbantschitsch a constaté que les perceptions auditives peuvent augmenter la perception de la lumière et des couleurs. Dans ses expériences, l'auteur a employé des sons très élevés pour exciter le sens chromatique, et celui-ci était alors beaucoup plus développé ; les yeux pouvaient alors, au moment de l'expérience, lire des mots qui jusque-là n'étaient pas visibles.

Récemment, au Congrès international de physiologie, tenu à Berne en septembre 1895, Epstein a pu démontrer l'augmentation de l'acuité visuelle due à l'audition. Il conclut, d'une série d'expériences, faites avec un appareil qu'il a présenté, que sous l'influence d'impressions auditives l'acuité visuelle est augmentée. Selon l'auteur, le phénomène ne se passe pas dans la corticalité encéphalique, mais il est sous la dépendance des tubercules quadrijumeaux où les fibres du nerf optique se mettent en relation avec celles des nerfs oculo-moteur et cochléaire : c'est une innervation centrifuge réflexe du nerf optique qui produirait cette sensibilisation de la rétine.

Dans un ordre de faits différent, et pour montrer les influences diverses que peuvent avoir les sons sur la contraction des muscles de l'œil, Aug. Charpentier, faisant résonner d'une façon continue près d'une oreille une anche donnant le *la* du diapason, a observé à plusieurs reprises un abaissement de la force de divergence de 16 à 14 degrés.

D'autre part, nous considérons comme tout à fait fantaisistes les assertions de Stein qui, en recherchant l'influence des sons et des vibrations du diapason sur les yeux, a observé qu'après une action prolongée du diapason, la cataracte avait pu se développer, puis disparaître et être reproduite par la même expérience, et son imagination allait jusqu'à attribuer ce trouble oculaire à la perte de la chaleur produite dans les yeux par les vibrations !

Beaucoup plus dignes de foi et d'intérêt sont les faits suivants, qui prouvent que sous l'influence d'une irritation des filets terminaux de la 5ᵉ paire dans le conduit auditif externe, peuvent se produire des modifications dans l'organe de la vue et des troubles de l'accommodation. Urbantschitsch a remarqué dans des expériences de cet ordre, une augmentation de l'acuité visuelle qui durait de une à dix minutes, et qui persistait parfois pendant une heure. Le cas rapporté par P. Bonnier est à rapprocher de ceux d'Urbantschitsch. Un malade, après des injections assez fortes qu'il se fit faire dans le conduit, pour extraire un bouchon cérumineux, « devint momentanément hypermétrope de l'œil correspondant, pendant plusieurs heures, au point de devoir cesser toute lecture. Cet accident se reproduisit nettement plusieurs fois, sans le moindre vertige. »

Verdos a signalé aussi, dans des cas d'obstruction cérumineuse du conduit, la diplopie réflexe, et avec notre maître Lermoyez, nous voyons dans ce trouble une irritation de l'auriculo-temporal dans l'oreille externe.

Rappelons aussi, les réflexes vaso-moteurs oculaires d'origine sacculaire (injection vive de l'œil par la pression de l'étrier du même côté avec un stylet) et tous les réflexes oculo-moteurs étudiés récemment par P. Bonnier.

Il nous reste enfin à parler du nystagmus réflexe que l'on a pu provoquer expérimentalement par des lésions de l'oreille ou de l'acoustique. Nous verrons ultérieurement l'étude clinique de ce trouble oculaire et les causes étiologiques qui peuvent le produire. Nous nous bornerons ici à décrire brièvement les recherches physiologiques au moyen desquelles on a pu le provoquer. Tout d'abord et en premier lieu, les expériences sur les canaux semi-circulaires, puis l'introduction de corps étrangers dans l'oreille (nitrate d'argent, Beaunis). Habituellement les mouvements des deux yeux sont isochrones et le nystagmus est de même sens des deux côtés. Une fois, Beaunis a pu constater, par l'introduction d'un fragment de nitrate d'argent dans l'oreille droite d'un lapin : un nystagmus vertical à l'œil gauche, un nystagmus rotatoire à l'œil droit ; les deux mouvements n'étaient pas isochrones. Kreidl, enfin, a déterminé du nystagmus par la section de l'acoustique. Il a montré à la Société des médecins de Vienne, en 1895, deux chats auxquels il avait fait la section des nerfs acoustiques à l'aide d'un thermocautère spécial ; au moment où il atteignait l'acoustique, il put constater l'apparition du nystagmus.

IV. — Fonctions des canaux semi-circulaires
au point de vue oculo-moteur

Il existe un grand nombre d'observations expérimentales sur les fonctions des canaux semi-circulaires en rapport avec quelques troubles visuels se manifestant dans le vertige. Déjà, en 1861, Ménière, en décrivant le syndrome auquel on a donné son nom, avait montré l'altération primitive des canaux semi-circulaires ; nous montrerons plus loin les troubles oculaires que l'on peut observer au cours de ce vertige si particulier.

Il y a eu une série de discussions au sujet de la fonction de ces canaux semi-circulaires. Contrairement à Goltz, qui admet que la section expérimentale de ces canaux est la cause de la perte de l'équilibre, Gruber soutient en 1869 qu'ils ne constituent pas l'organe exclusif du sens de l'espace.

Mach pense que « l'organe des sensations du mouvement siège dans la tête, et très probablement dans l'ampoule des canaux semi-circulaires. » Cyon admet qu'à ces appareils périphériques est lié le sens de l'espace, que c'est grâce à eux que notre cerveau peut concevoir les diverses dimensions de l'espace, et cela par l'intermédiaire du mouvement des otolithes. Qu'il existe une lésion de ces canaux, il se produit un vertige visuel qui tire son origine d'une fausse sensation, d'une fausse conception de notre corps dans l'espace. Dans un travail antérieur (1876) cet auteur avait bien montré les rapports physiologiques qui existent entre le nerf acoustique et l'appareil moteur de l'œil. Nous croyons intéressant de rapporter ici le résumé de ses conclusions :

1º Les troubles dans l'appareil moteur, occasionnés par les opérations sur les canaux semi-circulaires, ne se produisent pas d'une manière uniforme chez les animaux de différentes espèces ; chez les grenouilles, ces troubles se limitent presque exclusivement aux muscles du tronc ; chez les pigeons, ce sont principalement les muscles de la tête qui sont atteints ; chez les lapins, ce sont surtout ceux du globe oculaire.

2º L'opinion, soutenue dernièrement par Goltz et par moi et acceptée par la plupart des physiologistes, que la perte de l'équilibre survenant après la section des canaux semi-circulaires est occasionnée par les notions erronées que l'animal conçoit sur la position de sa tête dans l'espace, n'est donc plus soutenable.

3º Les mouvements du globe oculaire, observés après ces lésions, ne sont pas des mouvements compensateurs : ils sont la suite immédiate et directe de la lésion des canaux. Chaque canal influe d'une manière spéciale sur les mouvements du globe oculaire.

4º Par l'excitation du canal horizontal chez le lapin, on produit une rotation de l'œil du même côté, telle que la pupille se trouve dirigée en arrière et en bas ; celle du canal vertical postérieur produit une déviation de l'œil avec la pupille dirigée en avant et un peu en haut ; celle du canal vertical antérieur la fait dévier en arrière et en bas.

L'excitation d'un canal produit toujours les mouvements oculaires dans les deux yeux ; mais dans le globe du côté opposé au canal atteint, les mouvements ont lieu dans le sens contraire de ceux du globe du côté lésé. La pupille se contracte du côté où a lieu l'excitation et reste dilatée du côté opposé.

6° Au moment même de l'excitation, la contraction des muscles moteurs du globe oculaire a un caractère tétanique : les yeux restent fortement déviés dans les sens indiqués ; immédiatement après, ils commencent à exécuter des mouvements oscillatoires dans le sens opposé. Ces oscillations ont une fréquence variable entre 20 et 150 par minute. Leur durée dépend de la force de l'excitation, mais dépasse rarement une demi-heure.

7° Ces mouvements oscillatoires disparaissent lorsqu'on sectionne le nerf acoustique du côté opposé. De nouvelles excitations d'un canal semi-circulaire ne produisent plus que des contractions tétaniques.

8° L'excitation d'un nerf acoustique produit de violentes rotations des deux globes oculaires. La section d'un nerf acoustique provoque une forte déviation du globe du même côté, telle que la pupille se trouve dirigée en bas, tandis que de l'autre côté l'œil se porte en haut. Cette déviation disparaît après la section du second nerf acoustique. (Cette section, toujours accompagnée d'une forte excitation, produit de violentes rotations qui précèdent cette disparition.)

9° Les mouvements de la tête et du tronc qu'on observe chez les pigeons, après la lésion des canaux semi-circulaires, sont décrits d'une manière très exacte dans les classiques (mémoires de Flourens).

Telles sont les conclusions du mémoire de Cyon et de ses expériences admises depuis par tous les physiologistes. Il faut cependant rappeler que, avant lui, Löwenberg avait fait des recherches sur le même sujet et avait entrevu la physiologie des canaux semi-circulaires. Il avait posé en principe que : a) les troubles de la locomotion produits par la lésion des canaux semi-circulaires sont dus à une excitation et non à une paralysie, b) l'excitation de ces canaux produit les mouvements convulsifs par voie réflexe, sans aucune participation de la conscience, *c)* la transmission de cette excitation réflexe se fait dans les couches optiques.

Plus tard, en 1881, et toujours au point de vue expérimental, Baginsky reprit cette question des troubles oculaires provoqués par des lésions de l'oreille. En injectant de l'eau dans la cavité tympanique des lapins, il observa un nystagmus bilatéral qui était d'autant plus manifeste que la pression produite dans cette cavité était plus grande et que la température et la constitution chimique de ce liquide étaient plus différentes, par rapport au contenu physiologique de la cavité. Dans les expériences de cet auteur, l'autopsie des animaux montrait des lésions traumatiques énormes, telles que : rupture du tympan secondaire, œdème et hypérémie de l'encéphale, pénétration du liquide jusqu'à celui-ci par l'aqueduc du limaçon.

Dans les perforations du labyrinthe que le même auteur faisait encore chez le lapin dans un but expérimental, il observa le nystagmus unilatéral et la rotation du globe oculaire en dedans et en bas. Chez le chien, il a obtenu un résultat semblable, mais il y avait toujours lésion de la cavité crânienne. Chaque fois que cette cavité n'était pas lésée au cours de l'expérience, il n'y avait ni vertiges, ni incoordination des mouvements : l'auteur en concluait que pour provoquer l'apparition de ces phénomènes, il fallait qu'il y eut lésion directe du cerveau.

Il résulte en somme de ces expériences que dans les cas où une action sur le labyrinthe provoque du vertige, des mouvements oculaires, etc. ; ces symptômes sont dus à ce que l'onde consécutive à la poussée sur les fenêtres ovale et ronde se propage à la base de l'encéphale, et y détermine ces troubles, en agissant particulièrement sur les deux nerfs acoustiques, les moteurs oculaires communs et le centre respiratoire.

Cette question de l'effet des pressions exercées expérimentalement sur l'encéphale n'est pas admise par tous. Hőgyes, dans un travail sur « les rapports réflexes des douze muscles des yeux avec les douze terminaisons nerveuses des nerfs de l'ampoule », combat cette théorie et montre l'influence directe de l'oreille sur l'œil. Pour le démontrer, dans une expérience, il attache un lapin sur une planche, de manière à ce qu'il ne puisse faire de mouvements, puis il lui fait exécuter des mouvements rapides de rotation autour des trois plans principaux de la tête, et il provoque ainsi des oscillations des deux yeux associées et variables pour chacun des plans. De ses recherches, il résulte que le centre de ces mouvements nystagmiques est situé dans la portion du cerveau moyen et de la moelle allongée qui se trouve entre les tubercules quadrijumeaux et le noyau de l'acoustique. Les voies centrifuges sont les nerfs oculaires et les voies centripètes sont les nerfs acoustiques et leurs terminaisons dans le labyrinthe. Le point de départ des mouvements réflexes est la terminaison des six nerfs de l'ampoule. Chaque ampoule correspond à un nerf du même côté et à un du côté opposé. Dans les mouvements de rotation, c'est la pression de la périlymphe qui est la cause du nystagmus. Les ampoules membraneuses sont donc une partie accessoire de l'appareil des mouvements oculaires, et les muscles de l'œil sont constamment dans un état d'innervation tonique par une excitation réflexe qui part du labyrinthe. En plantant des aiguilles dans les différents méridiens de l'œil, il est parvenu à reproduire graphiquement ces mouvements.

Dans une autre série d'expériences, Hőgyes a obtenu des résultats positifs à ce point de vue. « En aspirant la périlymphe, dit-il, aussi bien qu'en la réinjectant dans le vestibule, on provoque chez l'animal soumis à l'expérience les signes caractéristiques de l'excitation du labyrinthe : nystagmus bilatéral et mouvements particuliers de la tête.

Mais si le résultat de ces excitations peut encore, à la rigueur, être attribué à la propagation de la poussée au liquide céphalo-rachidien et au recessus Cotunnii par les aqueducs, il n'en est plus de même des expériences suivantes : lorsqu'on enlève la paroi osseuse supérieure du vestibule sur une grande étendue, on a facilement accès dans l'utricule, dans les ampoules horizontale et verticale antérieure et dans le tube commun formé par la réunion des deux canaux verticaux. Pendant cette opération, il s'écoule, bien entendu, de la périlymphe en quantité. Qu'on touche alors très légèrement ces organes en divers endroits avec une soie de porc, on suscitera toujours des mouvements caractéristiques, variables selon l'endroit touché. Ainsi, le contact de la soie avec le canal semi-circulaire horizontal ou avec son ampoule détermine du nystagmus vers le côté excité, etc.

Ces dernières expériences prouvent à l'évidence que les mouvements caractéristiques sont bien dus à l'excitation du labyrinthe même, et non pas à la propagation à l'encéphale d'une onde qui partirait de la périlymphe et parcourrait le liquide céphalo-rachidien, puisque celle-ci, en cas d'ouverture des parties membraneuses, l'endolymphe avec, se sont écoulées chez ces animaux.

Il y a plus : enlève-t-on après ces expériences le labyrinthe membraneux et détruit-on même ses résidus, s'il s'en trouve, par l'acide nitrique dilué, ni l'aspiration ni le refoulement du liquide restant ne provoquent plus aucun mouvement de la tête ni des yeux. On peut encore citer ce fait : en agissant sur *une* oreille, en excitant, par conséquent, un *seul* labyrinthe, on provoque des mouvements dirigés vers *un côté*. S'il y avait dans ce cas, excitation, non pas d'un nerf acoustique dans ses terminaisons, mais de l'encéphale même par la voie du liquide céphalo-rachidien, comme le veulent Lucœ, etc., il devrait y avoir, en raison de l'action simultanée sur l'ensemble de ce centre nerveux et des nerfs qui en naissent, propulsion en avant ou en arrière, et non pas latéro-pulsion. »

H. Sewall a pu entièrement confirmer ces résultats dans ses recherches expérimentales chez les poissons, et voici les faits qu'il a pu observer. En touchant avec un stylet un nerf ampullaire, il a déterminé des mouvements actifs et saccadés des deux yeux ; une simple et légère irritation mécanique de l'ampoule a pu provoquer le même effet, pourvu que le nerf fût intact. L'excitation des sacs vestibulaires, et principalement l'ablation des otolithes, a déterminé un violent nystagmus. Le mouvement oscillatoire des yeux persista seulement pendant la durée de l'excitation mécanique et ne s'accompagna d'aucun trouble de l'équilibre. Dans toutes ces expériences, les excitations des ampoules et de leurs nerfs furent très fréquemment accompagnées de vomissements.

En somme, il se dégage ce fait, d'une grande importance : que le nerf vestibulaire agit, par un acte réflexe, sur un certain groupe de muscles oculaires.

Les recherches expérimentales de Bride ont servi de base pour émettre une nouvelle théorie sur la fonction des canaux semi-circulaires : ils auraient pour usage principal de provoquer, suivant les qualités physiques du son, une attitude spéciale du corps et un mouvement des globes oculaires.

Ces explications physiologiques n'ont pas été admises par tous les auteurs. Ainsi, Kisselbach, tout en lésant les canaux semi-circulaires, n'a vu se produire aucune incoordination dans les mouvements. Bechterew a observé l'apparition d'un nystagmus après la section d'un pédoncule cérébelleux, comme après celle du nerf acoustique et celle des canaux semi-circulaires.

Ajoutons, pour terminer cette étude sur les rapports physiologiques de l'oreille interne et de l'œil, qu'on a pu les mettre de nouveau en évidence par l'expérience suivante : dans les cas d'absence du tympan avec perméabilité de la trompe, si l'on augmente, par les douches d'air données dans le conduit, la pression de l'oreille interne, on voit se produire un vertige visuel avec mouvement apparent des objets de gauche à droite, quand la pression était augmentée dans l'oreille gauche, de droite à gauche si la pression s'exerçait sur l'oreille droite. Les globes oculaires se tournent dans la direction de l'oreille irritée, l'acuité visuelle diminue (Lucœ).

De tous ces rapports physiologiques il résulte que les canaux semi-circulaires : 1° paraissent des organes destinés à la coordination des mouvements généraux ; 2° que leur lésion peut provoquer une série de troubles oculaires, dont doivent tenir compte l'auriste et l'oculiste.

V. — Audition colorée

L'audition colorée est un phénomène plutôt physiologique que pathologique, qui consiste en ce qu'une sensation auditive détermine une sensation visuelle colorée. Les sujets qui présentent ce phénomène éprouvent une sensation visuelle de couleur chaque fois que le son d'une lettre, par exemple, vient frapper leur oreille. On voit, en somme, deux sens différents simultanément mis en activité par une excitation de l'un d'eux seulement. Cette faculté d'association des sons et des couleurs par laquelle toute perception acoustique peut éveiller et faire apparaître, pour certains individus, une image lumineuse colorée ou non, se développe dans l'enfance et persiste généralement avec les années sans grandes variations.

Les premières observations d'audition colorée ont passé à

peu près inaperçues : on a cru qu'elles étaient le résultat d'une imagination un peu exaltée. L'incrédulité a cessé le jour où ces faits, mieux étudiés, ont paru plus fréquents, et ont été rapportés par des sujets absolument dignes de foi, par des médecins, qui s'étaient entourés des précautions nécessaires pour éviter toute fantaisie et simulation des sujets examinés. Actuellement l'audition colorée est admise par les physiologistes et les médecins et elle rentre dans un groupe de phénomènes qui s'étendent à tous les organes des sens. Souvent la sensation de l'un d'eux évoque et appelle la sensation d'un autre : ainsi une sensation gustative peut éveiller une sensation colorée, de même une sensation olfactive. C'est de la sorte que l'on a pu décrire une audition colorée, une olfaction colorée, une gustation colorée, etc.

Il ne faut donc plus considérer comme une figure de rhétorique l'expression de « diction colorée » ; il ne faut pas s'étonner que Berlioz ait parlé de « colorer la mélodie » et que Meyerbeer ait qualifié de « pourpre » certains accords de Weber. Aujourd'hui que l'audition colorée est entrée dans le domaine scientifique, on s'explique certaines descriptions de romanciers qui, au moment de l'apparition de leurs ouvrages, ont pu paraître plus qu'originales. La littérature contemporaine en fournit quelques exemples :

En 1843, il parut dans la Presse un feuilleton, dans lequel Théophile Gautier analysait les sensations qu'il avait éprouvées à la suite d'une griserie de haschisch : « Mon ouïe s'était prodigieusement développée ; j'entendais le bruit des couleurs. Des sons verts, rouges, bleus, jaunes, m'arrivaient par ondes parfaitement distinctes. » Dans son roman « A rebours », Huysmans nous fournit un autre exemple de la sensibilité colorée : il nous dépeint son héros, le névrosé Jean des Esseintes, doué de la *gustation sonore ;* Guy de Maupassant, dans la « Vie errante », étant en vue de Gênes, à bord du *Bel-Ami*, prétend avoir éprouvé d'étranges sensations : « je ne savais plus vraiment si je respirais de la musique ou si j'entendais des parfums, ou si je dormais dans les étoiles. » C'est un exemple typique d'audition odorante, et il semble, fait intéressant, que nous nous trouvions ici en présence d'un phénomène plutôt pathologique, ainsi que l'a démontré la fin de la vie de cet auteur.

C'est à tort que l'on a fait remonter les premières observations d'audition colorée à une époque relativement récente. Bien avant Verga, Lussana et Nussbaumer, en 1865, l'audition colorée était connue. C'est un jésuite, le R. P. Castel, qui, au siècle dernier, eut la première notion de ce phénomène : il vit une relation entre les sept notes de la gamme et les sept couleurs du spectre et il construisit un clavecin dont les touches étaient coloriées d'une façon systématique.

Goethe, en 1810, dans sa « Théorie des couleurs, » cherche à établir une relation entre les sons et les couleurs. Mais c'est en 1812, que paraît la première observation scientifique : elle est due à Sachs, médecin albinos d'Erlangen (Bavière), qui rapporte sa propre observation.

Deux médecins de Lyon, Perroud et Chabalier, en 1863, citent des observations d'audition colorée observées, l'une chez le premier de ces auteurs, l'autre chez un confrère.

Lussana, en 1865, communique plusieurs cas, mais l'incrédulité la plus complète accueillit ses travaux et on crut que le physiologiste italien avait été victime d'une mystification. En 1873, Nüssbaumer publia un article sur les « impressions subjectives colorées occasionnées par les impressions objectives de certains sons » et donna plusieurs faits d'audition colorée. A partir de ce moment, les observations se multiplient.

En Allemagne, Bleuler et Lehmann firent paraître le premier ouvrage sur la question contenant un grand nombre de cas.

L'audition colorée fut étudiée en Italie par Bareggi, Guaglino, Grazzi et Franceschini. En Angleterre, le *London medical record* publie en 1881 un article intitulé « Colour kearing » qu'il emprunte à la *Lancet Cincinnati*. En France, Pedrono, dans le *Journal de médecine de l'Ouest* (octobre 1882), fait paraître une des premières observations d'audition colorée. En 1885, de Rochas, dans la « *Nature* » publie trois articles sur la sensibilité colorée. Dans le *Progrès médical*, en 1888, Baratoux fait une revue critique sur cette question. Beaunis y consacre une étude intéressante dans son « Traité de physiologie, » Millet a donné une revue complète sur ce sujet. Citons enfin le travail important de Suarez de Mendoza sur les « fausses perceptions sensorielles secondaires et particulièrement sur les fausses sensations de couleurs associées aux perceptions objectives des sons. »

Plusieurs faits ressortent de la lecture de ces observations : 1º elles se ressemblent presque toutes et semblent calquées les unes sur les autres, donc très peu d'originalité, chacune contient à peine un point de vue nouveau ; 2º il est curieux de noter que ce ne sont pas les ophtalmologistes et les otologistes qui ont découvert et étudié ce phénomène physiologique, c'est à peine si on lui consacre quelques lignes dans les traités classiques.

La fréquence de l'audition colorée est très discutée, ainsi sur 596 individus, 76 auraient présenté ce phénomène; une autre statistique au contraire donne 2 %. Nous croyons plutôt à la rareté de ce fait, les malades l'accusent très rarement, et il paraît si bizarre et si étrange qu'ils seraient du reste les premiers à l'observer et à s'en plaindre.

Fait intéressant à noter : c'est l'apparition de ce trouble chez plusieurs membres de la même famille, l'hérédité familiale est très nette dans quelques cas. Remarquons aussi que plusieurs sujets étaient des médecins, donc plus habitués et plus aptes que d'autres à analyser leurs sensations.

La plupart des auditifs-coloristes étaient des hommes : ils n'avaient aucun antécédent auriculaire, quelques-uns étaient nerveux. Aucun malade ne présentait rien d'anormal, ni au point de vue oculaire, ni au point de vue psychique.

L'époque du début de ce phénomène est difficile à préciser par les sujets qui le présentent et la plupart ne peuvent, dire quand ils s'en sont aperçus pour la première fois, ils ont toujours regardé comme naturelles ces associations sensorielles et ils sont même surpris d'apprendre que tout le monde ne les fasse pas.

D'une manière schématique, on peut décrire de la façon suivante l'audition colorée.

Les sons les plus divers, depuis le simple bruit, jusqu'à l'émission d'une voyelle, d'un son musical, peuvent chez certains sujets, provoquer une sensation lumineuse en même temps qu'une sensation auditive.

Les couleurs le plus habituellement vues sont le blanc et le rouge, le noir est tout à fait exceptionnel. Ces couleurs sont toujours les mêmes pour le même sujet, mais varient d'un sujet à un autre. Tel qui verra *a* noir, par exemple, verra *e* rouge, alors qu'un autre le verra gris, etc. Nous ferons remarquer que ces sensations lumineuses sont de nuance tout à fait spéciale et qu'il est très difficile de les rapporter à une couleur nettement définie. On peut établir une analogie avec ce qui se passe dans les sensations subjectives de lumière, soit à propos d'un choc sur l'œil, soit dans un effort violent (toux, éternuement, action de se moucher, etc.).

Les *bruits* peuvent s'accompagner d'images colorées mais celles-ci sont grises ou brunes, sombres en général. Il faut remarquer que les excitations sonores bien déterminées, comme la voix, parlée ou chantée, les notes musicales, produisent des sensations lumineuses très nettes et très distinctes. Au contraire, les sons discordants, les bruits ordinaires éveillent des sensations vagues : ainsi le bruit du canon, par exemple, ne produira qu'une impression lumineuse confuse, « qu'une sorte d'éblouissement au milieu duquel il est impossible de reconnaître la présence de telle ou telle couleur ». Le changement de la teinte colorée est lié à une modification du bruit, ainsi avec un son intense, aigu et strident, la couleur paraîtra plus claire qu'avec un son étouffé, sourd et grave.

Les *sons musicaux* provoquent très souvent des photismes. Déjà en 1786, Hoffmann attribuait des couleurs aux sons des instruments, le son du violoncelle est bleu indigo, celui de la flûte, rouge, etc. Du reste les couleurs perçues varient avec les personnes. D'une manière générale, on peut dire que les notes élevées produisent des teintes colorées brillantes, et les notes basses des sensations colorées sombres, ainsi pour certains sujets, il peut y avoir une différence très sensible entre les notes aiguës et les notes graves d'un piano. Quelquefois chaque note de la gamme éveille une couleur propre qui est sombre ou brillante suivant que la note est basse ou élevée. Dans un accord parfait, les notes se confondent généralement de manière à produire l'impression d'une même teinte colorée ; si au contraire l'accord est dissonnant, il y a prédominance de certaines couleurs. Des trois qualités du son, l'intensité, la hauteur, et le timbre, la première agit sur la netteté de la couleur perçue : plus le son est intense, plus la sensation colorée est vive ; la seconde rend l'image plus claire ; le timbre détermine la nature de l'impression lumineuse, ainsi tel air produira une image colorée qui variera suivant la voix de la personne qui le chante, tel morceau éveillera l'idée d'une couleur dont la nature se modifiera suivant qu'il sera exécuté sur un instrument à cordes ou sur un instrument à vent.

Lauret a constaté que « les voix de basse en général sont marron, celles de ténor jaune, et que les notes aiguës passent au blanc. Si cette loi était universelle, ajoute-t-il fort judicieusement, il y aurait un parallèle entre la hauteur du son et la rapidité de vibration des couleurs correspondantes, parallèle qui paraîtrait logique et simplifierait beaucoup l'explication de ces faits. » « Des sons musicaux qui se succèdent dans le temps sous forme de *mélodie,* provoquent ordinairement une succession de teintes correspondant aux notes successives. Il arrive cependant qu'une phrase musicale, une mélodie entière soit caractérisée par une teinte dóminante. » Chez certains sujets, la musique de compositeurs différents produirait des teintes différentes.

C'est la *voix* surtout qui a la propriété de provoquer de fausses sensations de couleurs, principalement quand les mots sont prononcés lentement et avec force. L'émission des consonnes seules ne produit aucune sensation colorée, les voyelles au contraire déterminent toujours des sensations lumineuses dont le degré d'intensité est en rapport avec le timbre de la voyelle : ainsi l'*i* et l'*é* donnent les couleurs les plus éclatantes, l'*u* la couleur la plus sombre. « Les diphtongues auraient une coloration qui tiendrait le milieu entre les couleurs des deux voyelles composantes. Enfin les mots emprunteraient leurs couleurs aux lettres qui les composent. Chez un malade, chaque phrase pouvait être comparée à une gamme chromatique dans laquelle les couleurs étaient déterminées par les voyelles et séparées par des raies grises produites par les consonnes.

Dans la majorité des cas l'image colorée est extériorisée, c'est-à-dire qu'elle est perçue au niveau de la personne ou de l'instrument producteur du son ; ainsi, lorsqu'on chante en

présence d'un « colour hearer », c'est au-dessus de la personne
qui chante que l'image colorée semble siéger ; lorsque le son
provient d'un instrument à cordes, c'est autour des cordes qu'elle
apparaît. La même impression se produit, que le sujet en
expérience voie ou non, le foyer émisseur des sons ; ainsi, en
jouant d'un instrument derrière lui, c'est au niveau de l'endroit supposé où se produit le bruit que semble siéger l'image
colorée. »

Beaucoup de ces faits, comme on le voit, semblent tenir
un peu du merveilleux, et il n'est pas surprenant qu'ils aient
été accueillis avec scepticisme. On a traité les « voyants » de
fantaisistes, de simulateurs, on a cru qu'ils étaient toujours
des hystériques, des névrosés et l'on a été longtemps avant
d'ajouter foi aux observations d'audition colorée. Cependant
plusieurs ordres de preuves doivent nous faire croire à la
réalité de ces phénomènes étranges et bizarres. Tout d'abord
la garantie et la bonne foi de certains observateurs, dont
quelques-uns étaient médecins et qui se sont entourés de
toutes les précautions nécessaires pour éviter toute supercherie
de la part des sujets. En outre la qualité des auteurs, et en
particulier des physiologistes qui se sont occupés de la
question (Féré, Urbantschitsch, Beaunis, etc.) Enfin nous ferons
valoir la grande analogie que ces faits présentent entre eux,
malgré les différences de temps, de lieu, des observations ; la
diversité de tempérament, d'éducation, d'habitudes, des sujets
observés. Si nous croyons à la réalité de ces faits, nous
pensons qu'ils sont extrêmement rares. Nous devons nous en
tenir à l'observation clinique, jamais on n'a pu les reproduire
expérimentalement.

La pathogénie de l'audition colorée n'est pas définitivement
établie, il n'est peut-être pas de phénomène qui n'ait suscité
autant de théories pour l'expliquer. On a cherché tout d'abord

par quelle voie les impressions auditives arrivaient à produire des sensations colorées. Pour le démontrer, on s'est basé sur la théorie des couleurs et l'on a cru que les vibrations néces-saires pour produire les ondes sonores pourraient du même coup déterminer des impressions visuelles, sans qu'il soit nécessaire de faire intervenir ici l'effet complexe d'une sensation auditive. On peut faire à cette conception plusieurs objections :

a) Lorsque la sensation auditive est produite par le bruit du canon tiré à grande distance, ce n'est pas au moment où l'on voit la fumée que l'impression colorée apparaît, mais bien au moment où la commotion auditive est perçue.

b) Le malade de Grazzi était un aveugle, on ne peut donc pas faire entrer ici en ligne de compte l'hypothèse d'une impression visuelle.

c) Lorsque le bruit se passe derrière le sujet qui présente de l'audition colorée, la sensation colorée se produit également.

Nous exposerons brièvement les différentes théories qui ont été émises pour expliquer ce phénomène. Les unes sont d'ordre physiologique, les autres ressortent à la psychologie.

On a rattaché l'audition colorée à une « erreur de l'esprit », sans autre commentaire (Bruehl), c'est une explication bien sommaire.

Cornaz admet la possibilité d'une exagération du sens des couleurs, d'une sensibilité exagérée des centres chromatiques, c'est la théorie de l'hyperchromatopsie. Ce serait un trouble pathologique dû à quelque lésion oculaire, trouble voisin du daltonisme (Wartmann).

Perroud et Chabalier en font un phénomène purement physiologique.

D'après Pouchet et Tourneux, il existe chez les sujets qui présentent de l'audition colorée des communications anormales entre les fibres auditives et optiques, en somme des fibres erratiques du nerf acoustique se rendant aux centres visuels. On peut faire plusieurs objections à cette théorie : 1º au premier abord ces communications peuvent paraître bizarres, car elles n'existent pas entre les autres organes des sens; 2º si elles existent, il faudrait admettre que les cellules cérébrales des centres sensoriels sont toujours reliées par des anastomoses qui, rudimentaires chez la plupart des sujets, pourraient prendre chez quelques-uns un grand développement.

D'autres auteurs admettent un rapport de voisinage des centres cérébraux sensoriels, et même certains croient à l'existence d'anastomoses normales entre le centre cérébral auditif et le centre cérébral optique. Si cette théorie était exacte, l'audition colorée devrait se montrer chez tous les individus, alors qu'on ne l'observe que dans un très petit nombre de cas.

Nous ne rappellerons, que pour la condamner, la théorie qui admet que l'audition colorée est produite par la vibration des ondes sonores qui à travers le corps du sphénoïde iraient impressionner le nerf optique ! (Maloney).

On a voulu réduire ce fait physiologique à n'être qu'une forme particulière de ce phénomène banal de psychologie, l'association des idées, association qui serait consciente ou inconsciente et daterait de la jeunesse.

Féré, dans une étude extrêmement intéressante sur la vision colorée, montre l'équivalence des excitations sensorielles. Il établit par une série d'exemples que les excitations auditives ne sont pas les seules à produire la vision colorée. On connaît la xanthopsie qui se manifeste dans l'ictère, l'intoxication par la santonine qui détermine la vision violette, il arrive même un moment dans ce dernier cas où le sujet voit les objets en vert ; il y aurait donc plus qu'une imprégnation, mais une action nerveuse. Rapprochons de ces faits les cas de vision

rouge (empoisonnement par la jusquiame), de vision successivement verte, bleue, jaune, rouge, déterminée par le grisou
(Lemoine, de Liège). L'olfaction et la gustation colorées sont
bien connues. Les névropathes et les sujets affaiblis principalement, présentent ce phénomène ; chez ces derniers,
« l'exposition prolongée à un éclairage intense , à la
réverbération d'une large surface brillante, comme une plaine
de sable, un lac, etc., provoque quelquefois la vision colorée
en orangé, en rose, etc. » Dans beaucoup d'affections du système
nerveux on peut observer de la chromopsie ; ainsi, dit
Féré, dans l'invasion de l'apoplexie, dans les attaques conges-
tives des paralytiques généraux, au début de l'accès épileptique,
chez les hystériques. Dans beaucoup d'états émotifs, d'exalta-
tion ou de dépression, il existe de la vision colorée, c'est ainsi
que dans une certaine mesure, les expressions métaphoriques
« voir en rose, voir en noir » peuvent se comprendre. En somme
nombre d'excitations autres que celles qui proviennent de
l'ouïe peuvent provoquer la vision colorée. Aussi, d'après Féré,
ce phénomène s'explique par l'équivalence des effets physiologiques des excitations sensorielles, et ce qui rendrait vraisem-
blable cette interprétation, c'est que des sujets qui ont des
excitations visuelles à propos d'excitations auditives peuvent
parfaitement éprouver la sensation auditive à propos de l'excitation visuelle correspondante (cas de Rochas, Bleuler et
Lehmann).

Cette théorie est très séduisante, mais elle n'explique pas
suffisamment tous les cas, et la pathogénie, le mécanisme
intime de cet acte physiologique ou psychique ne sont pas
complètement élucidés. Tout récemment, Nuel a posé ainsi
la question et c'est ainsi du reste qu'on peut l'envisager. « Il
n'y a rien de certain, dit-il, au point de vue pathogénique,
mais il existe beaucoup de desiderata en vue d'une théorie

future de ces phénomènes. Ces desiderata sont relatifs aux teintes perçues et aux sons qui les provoquent. Il faudra surtout essayer d'opérer avec des sons simples, de hauteurs différentes, pour voir si chez ces sujets, ou chez un d'eux pris isolément, il n'y a pas de relation constante entre le photisme et la hauteur du son qui le produit. Puis seulement il faudra passer à des sons complexes, sons musicaux, parole, etc.

Le mécanisme, la théorie de ces phénomènes devra être cherchée dans l'une ou l'autre des deux directions suivantes ; l'explication se trouvera, soit dans un mécanisme *physiologique*, soit dans un mécanisme *psychique*.

1º Il se pourrait que chez les personnes en question, chaque son simple provoque toujours une même sensation visuelle. Les teintes des sons compliqués seraient le résultat du mélange des teintes de leurs sons composants, mélange qui, dans beaucoup de cas, s'opère entre photismes plus élémentaires, et d'après les lois ordinaires qui régissent le mélange des couleurs objectives. Une sensation acoustique élémentaire, l'excitation d'un élément du centre psycho-acoustique se propageraient dans l'écorce cérébrale à un centre visuel (chromatique) déterminé. Il faudrait songer ici aux nombreuses fibres d'association qui (dans l'écorce cérébrale) relient entre eux les divers centres psycho-sensoriels, et qu'on invoque notamment pour expliquer la genèse de la représentation (psychique) d'un objet au moyen des qualités sensorielles différentes qu'il produit dans nos divers organes des sens.

Plusieurs auteurs ont exprimé des opinions de ce genre. Urbantschitsch fait remarquer à ce propos que des sensations quelconques, que nous percevons par les procédés habituels, sont souvent influencées (au moins dans leur interprétation corporelle) par d'autres sensations coexistantes, provoquées elles aussi par la voie habituelle. Une personne regardant une surface grise, on fait vibrer un diapason contre son oreille ; la plupart du temps elle ne tardera pas à voir survenir des lignes ou des zones de clarté différente dans la surface uniforme.

Enfin des partisans d'une théorie plus physiologique font observer que, pour décrire les sensations d'un organe des sens, notre langage emprunte des termes appliqués habituellement aux sensations d'un autre organe des sens. La description d'une pièce de musique notamment peut fourmiller de qualificatifs visuels. Ils veulent y voir l'expression de rapports sensoriels, absolument physiologiques, mais peu conscients pour notre sens intime, et non pas le résultat de la pauvreté de la langue.

2° L'association entre les sons et les couleurs pourrait aussi être le résultat d'une opération de l'esprit, dans le genre de celle qui associe, par exemple, une sensation acoustique à un caractère graphique. L'association en question, de nature psychique, acquise dans l'enfance déjà, pourrait reposer sur une disposition générale de l'esprit ; elle s'opérerait réellement sous l'influence de circonstances fortuites.

Tantôt le photisme, la couleur semble avoir été associée à l'idée d'un objet, parce que le sujet regardait une surface colorée au moment où cet objet a fait sur le sujet une première et forte impression ; puis la couleur est restée associée pour toujours à la voyelle principale du nom de l'objet. D'autres fois, la couleur a été associée, par un procédé analogue, au son (nom) qui éveille l'idée de l'objet, et non à l'idée elle-même, et la couleur reste accolée à la voyelle principale de ce nom. Enfin il paraît que l'association psychique peut s'établir aussi directement entre la couleur et un son. »

De cette longue étude pathogénique et descriptive de l'audition colorée, il résulte que :

1º L'audition des mots peut donner lieu à des perceptions de couleur.

2º Ce sont principalement les voyelles qui marquent la sensation chromatique.

3º Le rouge vif est surtout déterminé par des sons aigus, les couleurs sombres appartenant plus spécialement aux sons graves.

4º Aucune théorie ne satisfait pleinement l'esprit; le mécanisme intime de l'audition colorée n'est pas encore établi d'une manière suffisamment précise, ce sujet appelle de nouvelles recherches et jusqu'ici il est très difficile d'expliquer rationnellement l'audition colorée. Tout ce que nous pouvons dire c'est qu'on l'observe principalement chez des sujets nerveux ou névropathes, c'est que ce phénomène *ne dépend* pas d'une excitation des organes périphériques de l'audition (en effet beaucoup de sujets présentant l'audition colorée peuvent faire apparaître cette sensation lumineuse, en prononçant mentalement un mot quelconque sans que l'ouïe ait été impressionnée), mais qu'il se passe dans les centres cérébraux. Est-ce par contiguïté, connexion et influence de ces centres sensoriels les uns sur les autres ? Nous l'ignorons encore.

CHAPITRE IV

Relations entre les maladies de l'oreille et celles de l'œil.

Nous envisagerons successivement la manière dont se comportent les différents segments de l'oreille vis-à-vis de l'organe de la vision.

Nous étudierons donc les troubles visuels :

1) dans les affections du conduit auditif externe ;

2) dans les maladies de l'oreille moyenne ;

   a) affections de la trompe, de la caisse, de la mastoïde ;

   b) dans les complications cérébrales des otites moyennes (abcès, phlébite des sinus) ;

   c) Nous insisterons principalement sur le nystagmus et la névrite optique qui sont de beaucoup les plus importants ;

3) dans les maladies de l'oreille interne (surdi-mutité, vertiges).

1. — TROUBLES OCULAIRES
DANS LES AFFECTIONS DE L'OREILLE EXTERNE

On connaît quelques troubles réflexes provoqués par l'exploration, les lavages, pansements, et les affections du conduit auditif externe, et qui s'expliquent de par son innervation : rappelons, comme exemple, la toux provoquée par l'introduction du spéculum dans l'oreille ou le contact du stylet. On a vu une injection d'eau dans le conduit déterminer des nystagmus. Très fréquemment, les lavages faits pour extraire un bouchon de cérumen ou nettoyer le conduit, produisent du malaise, quelquefois des nausées, des vertiges et des éblouissements, et, fait important qui montre bien l'influence de la vue sur ces accidents, on conseille au malade de fermer les yeux pendant tout le temps que dure l'injection.

Verdos a signalé un cas de diplopie réflexe par lésion du conduit : « Un homme de 40 ans présente deux phénomènes simultanés : une surdité complète de l'oreille droite et une diplopie, dont les caractères n'ont malheureusement pas été précisés. L'examen direct montre que le conduit auditif est complètement obstrué par un bouchon cérumineux ; à peine celui-ci a-t-il été enlevé que l'ouïe reparaît normale du côté droit, et simultanément la diplopie disparaît. Il s'agit évidemment dans ce cas, dit Lermoyez, qui analyse le cas, d'une paralysie oculo-motrice d'origine réflexe. Depuis le mémoire de Marchal de Calvi, en 1846, la diplopie réflexe par excitation du trijumeau est devenue chose classique ; et si nous nous rappelons que la sensibilité est surtout fournie au conduit auditif par le nerf auriculo-temporal, branche du maxillaire inférieur, venu lui-même du trijumeau, nous concevons que l'excitation de ces terminaisons, par un corps étranger cérumineux, amène l'ophtalmoplégie passagère. »

Le cas présenté par Bonnier à la Société de laryngologie de Paris, en 1893, est intéressant par la coexistence des deux accidents oto-auriculaires. Il s'agit d'un zona ophtalmo-tympanique. C'était un tuberculeux syphilitique présentant à la partie antérieure du tympan une série de vésicules de zona, avec intégrité de la membrane et un second groupe vésiculeux au niveau du sourcil et de la tempe. La vision et l'ouïe étaient intactes. En somme, zona des régions du nerf ophtalmique et de l'auriculo-temporal, branches d'une même paire, la cinquième.

2. — TROUBLES OCULAIRES DANS LES MALADIES DE L'OREILLE MOYENNE.

Dans le cours des affections de l'oreille moyenne, on observe, outre des signes locaux, des troubles à distance très variés et tout à fait protéiformes, et ces localisations en apparence bizarres sont expliquées par l'innervation de la muqueuse de la caisse et les anastomoses que reçoit le plexus tympanique : il reçoit, on le sait, des filets du trijumeau, du glosso-pharyngien et du pneumogastrique. Donc l'oreille est en rapport d'innervation avec des organes plus ou moins éloignés : cavum, pharynx, amygdales, base de la langue, larynx, etc.

Ainsi s'explique la réaction des maladies de l'oreille sur les régions voisines et réciproquement.

Dans le premier cas, on peut observer, pendant des otites chroniques, des douleurs névralgiques à distance, des points occipitaux, de la douleur au niveau de la corne de l'os hyoïde, de l'enrouement, des aphonies passagères ; quelquefois des troubles sensitifs, spasmodiques et trophiques de la langue, du pharynx et du voile, qui sont liés à une irritation du plexus tympanique ; très fréquemment dans le domaine du trijumeau, on notera des douleurs, des spasmes, des troubles trophiques. Moos a signalé la douleur dans l'œil et du larmoiement au moment de l'extraction d'un polype. Plus communs sont la rougeur de la conjonctive oculaire, le larmoiement, des douleurs dentaires. Gellé a vu « l'injection de la pommette au moindre attouchement de l'étrier, ou sous les pressions centripètes, ou enfin par l'effet des injections contre l'otorrhée, soit au moment de la cautérisation des fongosités, ou de l'arrachement des polypes. »

Inversement, nombre d'affections d'organes innervés par le

pneumogastrique, le glosso-pharyngien, le trijumeau, etc., qui s'anastomosent avec les nerfs de la caisse, retentiront sur l'oreille. C'est ainsi qu'il faut expliquer l'otalgie réflexe qui accompagne les affections dentaires, l'épithélioma de la langue, la tuberculose, l'épithélioma du larynx, etc. —] Nous avons montré au début de cette étude les rapports étroits qui reliaient l'oreille à l'œil, nous ne serons donc pas surpris d'observer du côté de l'organe de la vision une série de troubles consécutifs aux affections de l'oreille moyenne. Pour faciliter leur étude, nous montrerons les diverses lésions ou troubles oculaires qu'on a signalés au cours de la maladie de la caisse et de ses annexes, et nous les étudierons dans l'ordre suivant : maladies de l'œil dans les affections de la trompe d'Eustache, de la caisse du tympan, dans le cours des complications des otites moyennes : mastoïdite, abcès cérébral, phlébite des sinus.

I

a) *Affections de la trompe d'Eustache*

Dans nos recherches bibliographiques, nous n'avons trouvé aucune relation directe entre les maladies de la trompe et celles de l'œil. Il est possible qu'elle existe, mais *a priori* elle doit être rare, car rarement l'affection tubaire existe à l'état isolé, elle se complique ou entraîne des désordres sérieux du côté de l'oreille moyenne, surdité, bourdonnements, vertiges, etc., qui eux peuvent s'accompagner de troubles oculaires.

Au cours du cathétérisme, on peut observer du larmoiement du côté de l'œil correspondant.

Ce larmoiement peut se produire isolément : 1º pendant l'introduction du cathéter dans la fosse nasale, et dans ce cas il est dû à l'irritation de la pituitaire ; 2º quand le bec de la sonde a pénétré dans l'orifice tubaire. Il s'explique alors aussi

par un acte physiologique, réflexe, dû à l'excitation des filets
nerveux de la muqueuse tubaire ; il n'existe là aucune mani-
festation pathologique. Cette action réflexe est due à l'innervation de la muqueuse tubaire ; elle reçoit en effet des filets
du nerf de Jacobson, et du ganglion sphéno-palatin (2e branche du trijumeau). Aussi l'attouchement du pavillon tubaire
peut-il être l'origine de réflexes éloignés : aphonie, douleur
hyoïdienne, et larmoiement unilatéral.

Kisselbach et Wolffberg rapportent le cas suivant : après
avoir pratiqué le cathétérisme chez un homme atteint d'une
affection de l'oreille, compliquée de rétrécissement du champ
visuel et d'héméralopie, ces auteurs ont pu constater, non-
seulement une amélioration sensible de l'ouïe, mais encore
une amélioration de l'acuité visuelle et un agrandissement du
champ visuel et du champ des couleurs. Quelques détails de
plus dans cette observation auraient peut-être éclairé la
question de relation pathologique qu'il y avait entre ces deux
affections.

II

b) *Maladies de la caisse du tympan*

Nous étudierons les troubles oculaires qui peuvent survenir
dans le cours des traumatismes, accidentels ou opératoires, de
la caisse ; pendant les otites moyennes, aiguës (catarrhale ou
purulente) et chroniques.

Traumatismes, corps étrangers, etc.

Pendant la paracentèse du tympan, il n'est pas rare
d'observer de l'épiphora et du spasme palpébral du même
côté, troubles dus évidemment à une action nerveuse, réflexe.

Pendant la mobilisation ou l'extraction des polypes de la
caisse, on note souvent divers mouvements oculaires que nous
étudierons plus loin au cours de l'otorrhée.

Zaufal a bien montré l'importance qu'il fallait attacher à l'examen ophtalmoscopique dans les corps étrangers de la caisse, qui n'ont pu être extraits par un procédé simple. Très souvent les résultats fournis par cet examen, appuyés sur d'autres signes, élévation thermique, suffiront à justifier une intervention radicale.

Le cas suivant, en effet, peut se présenter. Il arrive que, surtout chez l'enfant, l'introduction du corps étranger soit méconnue, ou que son extraction ne puisse être pratiquée, on attend, on pratique des injections, lorsqu'au bout de quelque temps apparaissent de la fièvre, des troubles généraux, des symptômes cérébraux. Tous ces accidents auraient pu être évités par une intervention chirurgicale basée sur la marche de la température et l'examen ophtalmoscopique.

« Il n'y a pas d'inopportunité à attendre, dit Zaufal, quand on peut espérer par là rendre plus favorables les conditions mécaniques pour l'extraction pratiquée avec ménagement par le conduit auditif externe, mais alors le malade doit être constamment surveillé par le médecin et la température doit être prise chaque jour. Il faut aussi fréquemment pratiquer l'examen ophtalmoscopique ».

Quand, dès l'arrivée du malade, il existe déjà de la névro-rétinite, il ne faut pas retarder l'extraction du corps étranger. S'il ne peut être enlevé directement par le conduit, on n'hésitera pas à décoller le pavillon. Le malade sera surveillé, et si la fièvre ne tombe pas, que les accidents généraux et oculaires persistent, l'apophyse sera trépanée. On réglera du reste sa conduite sur la nature des cas, qui sont variables.

Si au contraire, au premier examen du malade, il ne présente rien de spécial au point de vue de l'image ophtalmoscopique, on pourra garder l'expectation, mais il faudra pratiquer des examens répétés du fond de l'œil. Il peut, en effet, s'y développer des lésions hypérémiques et une dilatation veineuse progressive et on ne devra pas attendre, pour opérer, le développement complet de la névro-rétinite ou la tuméfaction du nerf optique. Ces signes ophtalmoscopiques du début, joints à une élévation thermique, nécessitent l'extraction immédiate du corps étranger.

Un exemple de ce genre est celui que nous fournit l'observation de Zaufal.

Otite moyenne aiguë catarrhale.

Les inflammations de l'oreille moyenne sont susceptibles, par les lésions qu'elles peuvent déterminer du côté du nerf facial, et par les réflexes dont la cavité de la caisse est le point de départ, de provoquer des troubles dans le territoire innervé par la 7e paire, en particulier dans la paupière correspondante à l'oreille malade, et des altérations de la vue.

C. Ayres a signalé un cas de catarrhe aigu de l'oreille, s'accompagnant de vertige, de parésie du nerf facial et d'œdème de la paupière du même côté. La parésie musculaire s'expliquait par la compression ou l'inflammation du nerf facial dans son canal, le vertige était dû à la pression de l'étrier sur la fenêtre ovale et l'œdème palpébral pouvait être attribué à des troubles vaso-moteurs. De simples insufflations d'air dans la caisse amenèrent une guérison rapide.

Holt rapporte une observation d'otite moyenne catarrhale aiguë avec paralysie faciale et altération de la vue du côté malade due à une paralysie de l'accommodation de l'œil. Il s'agissait là évidemment de troubles d'origine réflexe, car tous ces symptômes disparurent avec la guérison de l'otite.

Otites moyennes purulentes.

Les symptômes oculaires remarqués dans le cours des otites moyennes purulentes sont les mêmes, que l'inflammation soit aiguë ou chronique ; cependant il est des signes, tels que le nystagmus

que l'on rencontrera davantage au cours d'affections chroniqu
de la caisse, alors que la névrite optique, par exemple, sera
traduction des otites aiguës avec ou sans complicatio
cérébrales. Nous étudierons à part le nystagmus et la névr
optique qui, par leur fréquence relative, l'intérêt qu'ils pi
sentent, méritent un plus long développement.

Le strabisme a été signalé par quelques auteurs. Luc
raconte l'histoire d'une malade ayant une perforation du tympa
et chez laquelle une pression aérienne dans le conduit déte
minait chaque fois une abduction du globe oculaire de ce cô
en même temps que de la diplopie.

Deux autres cas appartiennent à Urbantschitsch. Au cou
d'otites moyennes, dont l'une avec production de polyp
il remarqua une fois du strabisme convergent, et une autre
strabisme convergent dont le degré variait avec l'état de l'oreil

Spear a rapporté des cas de troubles de motricité oculai
au cours d'otites, mais il y avait participation du nez, et
cas sont un peu complexes.

Dans une observation rapportée par cet auteur, il s'agiss
d'un homme vigoureux ayant une forme grave d'otite moyen
accompagnée de vertiges et de nausées. En même temps exist
un strabisme divergent avec diplopie croisée. Il faut ajou
que ce malade avait une rhinite hypertrophique et que l'int
duction dans la cavité nasale d'un tampon de cocaïne fais
disparaître le strabisme. La guérison devint peu à peu définiti

Dans la seconde observation, le malade atteint de verti
avait une diplopie croisée, accompagnée de rhinite hypert
phique, obstruction de la trompe d'Eustache et lésions cica
cielles de la membrane du tympan. Le nez et l'orei
moyenne étant traités, l'affection rétrocéda.

Ces deux cas amènent l'auteur à conclure qu'il y a u
relation intime entre la sixième paire nerveuse — mot

oculaire externe, — et la branche vestibulaire du nerf auditif.

Mais, quoi qu'il en soit, ces troubles oculaires sont tout à fait exceptionnels.

Les troubles pupillaires, d'origine réflexe, et à point de départ auriculaire, sont aussi excessivement rares.

Moos, dans un cas d'otite moyenne purulente droite, a observé un myosis passager du côté correspondant à l'oreille malade. A cause des vomissements et du vertige, l'auteur crut d'abord à des troubles cérébraux, mais il ne tarda pas à attribuer le fait à sa véritable cause, et adoptant l'opinion de Cyon qui avait vu le myosis se produire dans ses expériences, il se rattacha à cette théorie par le fait que ces phénomènes disparaissaient après avoir, au moyen du cathétérisme, évacué de la caisse son contenu purulent. Les vomissements et le vertige répondaient à une augmentation de pression labyrinthique, le myosis à une irritation du ganglion otique.

Gellé a constaté une mydriase pendant l'extraction d'un polype de la caisse.

Enfin Urbantschitsch a quelquefois observé « chez des sujets jeunes et irritables, des mydriases transitoires, sous l'influence de modifications brusques de la pression aérienne, — compression et raréfaction, — dans la cavité tympanique et même dans le conduit auditif externe chez des individus atteints de perforation de la membrane du tympan. »

Les complications du côté de l'iris et de la choroïde dans les otites sont très rares, et elles n'ont lieu que dans les cas où il existe une grave infection. Pomeroy a rapporté un exemple de ce genre, où une otite moyenne s'était compliquée d'iridochoroïdite et d'abcès du cou. Pendant une suppuration de l'oreille moyenne, l'auteur observa l'apparition de pus dans la chambre antérieure de l'œil, une perforation se produisit malgré la paracentèse et l'on l'on dut pratiquer l'énucléation. Peu après survenait un abcès profond du cou communiquant avec le conduit auditif externe et qui guérit après l'incision.

Un accident analogue a été relaté par Trousseau, qui a pu observer une femme mal portante depuis quelques mois et qui venait d'être prise d'un écoulement purulent de l'oreille et en même temps d'une irido-choroïdite non suppurative.

Dans tous les cas, il faut tenir grand compte de l'état général du malade et du terrain sur lequel la maladie évolue, de l'action des microbes qui peuvent être plus ou moins virulents et de l'élément auto-intoxication.

Bettmann et Styx ont signalé au cours d'otites moyennes suppurées, la paralysie de l'oculo-moteur externe du même côté qui s'améliora et disparut en même temps que les troubles de l'oreille.

Dans le cours de l'otorrhée on peut remarquer diverses lésions de l'œil, et celles-ci dans quelques cas peuvent être l'indice de graves complications intra-crâniennes. Les polypes qui accompagnent si souvent l'otite moyenne purulente chronique déterminent parfois des troubles visuels, principalement au cours de l'extraction. On a observé le développement d'une double exophtalmie, chez un sujet otorrhéique, après l'ablation de polypes de la caisse (Gellé) : il n'y avait pas de modifications du pouls ni d'augmentation de volume du corps thyroïde. D'autres malades accusent des tiraillements et des douleurs oculaires avec fatigue et affaiblissement de la vue. Ce sont là des réflexes et des troubles vaso-moteurs. Dans d'autres cas la présence des polypes dans la caisse peut provoquer des accidents aigus, des accidents de rétention graves avec mastoïdite. Mac Kay rapporte un cas où à la mastoïdite s'étaient ajoutés une paralysie faciale, et des troubles cérébraux ; l'œil correspondant présentait une congestion considérable de la papille et les signes de début d'une névrite optique. Ces troubles visuels disparurent peu à peu sans laisser de traces, après application d'un traitement. Seules l'otorrhée et la paralysie faciale persistèrent, mais il semble n'avoir été fait qu'un traitement purement médical, injections de morphine en particulier, alors qu'une intervention chirurgicale semblait plus indiquée. On a cité, quelquefois, dans l'ablation ou l'attouchement des polypes auriculaires, l'apparition de mouvements nystagmiques que nous étudierons plus loin.

Si pendant le cours d'une otorrhée, il se développe des accidents cérébraux insolites, le diagnostic est en général facile et l'idée d'une méningite doit venir à l'esprit. Mais quand avec l'otorrhée il n'y a que des vertiges et des douleurs de tête, l'hésitation est possible et un bon moyen de dissiper l'incertitude est d'examiner le fond de l'œil à l'ophtalmoscope. D'une manière générale, si le fond de l'œil est sain, c'est que la maladie reste localisée dans l'oreille, mais s'il y a névrorétinite, on peut en conclure que les méninges et le cerveau sont malades. L'image du fond de l'œil est donc très précieuse pour faire pressentir les complications cérébrales.

Un autre mode de réaction de l'oreille sur l'œil, dans les otorrhées symptomatiques de carie du rocher, existe dans la propagation de la carie osseuse au ganglion de Gasser et à l'irritation ou la destruction de ce ganglion. Ces lésions s'expliquent par les rapports de ce nerf avec la face supérieure du rocher, dans la fosse cérébrale moyenne. Dans ces cas, apparaît une série de troubles identiques à ceux que l'on observe après les lésions expérimentales du trijumeau (expériences de Laborde piquant les racines sensitives ou descendantes du trijumeau) : conjonctivite avec pannus, ramollissement de la cornée, amblyopie, anesthésie du côté correspondant de la face, altérations dentaires, etc. Ces cas prêtent souvent à des erreurs de diagnostic car un ou plusieurs signes masquent tous les autres et ce n'est que par l'examen systématique et complet de tous les troubles observés qu'on peut porter un diagnostic exact. Berger et Piqué ont rapporté un de ces cas d'ostéite du rocher très intéressant au point de vue oculaire. « Un homme de 40 ans, à la suite de douleurs temporo-faciales violentes, que ne calma pas l'extraction de quelques dents, subit l'opération de l'ouverture du sinus maxillaire en raison de la croyance à un abcès de ce sinus. Cette opération n'amena aucun soulagement, mais alors survinrent des troubles trophiques de l'œil (kératite ulcéro-vasculaire), de l'anes-thésie dans la zone du trijumeau, de l'hémiplégie faciale : la surdité avait précédé tous ces symptômes. Le malade suc-comba à des accidents méningitiques. En présence des trou-bles trophiques et de l'anesthésie de la 5me paire, on pensa d'abord à une névrite ascendante, consécutive à l'ouverture du sinus maxillaire, mais cette opinion fut rectifiée de suite par les troubles concomitants de l'ouïe et l'hémiplégie faciale, et la rectification confirmée par l'autopsie. » Il s'agissait d'une ostéite tuberculeuse du rocher, avec pachyméningite de voisinage et compression du trijumeau, ayant déterminé à la fois des troubles auditifs et oculaires. On comprend, dit Gellé, « que les altérations du ganglion de Gasser soient à redouter dans le cas de carie du rocher et dans ses compli-cations : par suite, on doit s'attendre à les rencontrer surtout dans l'otorrhée, chez les sujets qui offrent ou ont offert une de ces manifestations quelconques : accès épileptiforme, manie aiguë, céphalée, vertige, etc., qui sont évidemment liés à une pachyméningite chronique de voisinage, relation bien indiquée par A. Robin. »

La physiologie expérimentale vient à l'appui de ces don-nées pathologiques : Gellé a présenté à la Société de biologie un cobaye offrant des lésions oculaires consécutives à une altération secondaire du ganglion de Gasser, à la suite d'une suppuration de la bulle, ayant perforé la paroi osseuse et pénétré dans la dure-mère.

c) Apophyse mastoïde.

Ici encore, les faits anatomiques expliquent la raison des symptômes cliniques observés. La peau de la région mastoïdienne est innervée par le rameau mastoïdien du plexus cervical superficiel anastomosé avec un filet de l'auriculo-temporal, branche du nerf maxillaire inférieur ; l'auriculo-temporal s'unit au facial par plusieurs rameaux ; d'autre part la muqueuse qui tapisse les cellules mastoïdes est innervée par des rameaux du plexus tympanique : toutes ces connexions expliquent donc dans une certaine mesure les troubles réflexes à point de départ mastoïdien.

On a observé l'"épilepsie réflexe, dans des cas d'inflammation de l'apophyse, disparaissant par la trépanation de la mastoïde (Urbantschitsch) ; Gellé signale « des phénomènes réflexes curieux qui naissent chez quelques sujets au contact, et aux plus légers attouchements de la peau de la région mastoïde (bourdonnements d'oreilles, bruissements, sonneries), sans doute par l'excitation du trijumeau et. le spasme consécutif des muscles auriculaires, réunis à l'hyperesthésie sensorielle. Car en général, les mêmes phénomènes réflexes se produisent au contact du pavillon, chez les mêmes sujets névrosiques, sourds, à vertiges chroniques. »

Du côté de l'œil on peut observer divers accidents dans le cours des mastoïdites. On a publié des cas de diplopie, de strabisme, de myosis, qui ont disparu après la trépanation de l'apophyse (Tillaux, Gervais). Quand il existe une otite moyenne avec complication mastoïdienne, on peut remarquer des troubles dans le fond de l'œil, œdème et congestion de la papille, etc., mais ces accidents dénotent en général le plus souvent la participation des méninges ou du cerveau ; ils peuvent disparaître après l'ouverture de l'apophyse.

Nous allons décrire maintenant les troubles oculaires que l'on peut rencontrer dans les complications principales de l'otite moyenne suppurée : en particulier dans les abcès cérébraux et la thrombose des sinus, et nous terminerons cette étude des lésions oculaires dans les affections de la caisse par la description du nystagmus et de la névrite optique qui sont de beaucoup les plus fréquents.

Troubles oculaires dans les abcès cérébraux d'origine otique.

C'est une complication relativement rare des otites suppurées, et comme le diagnostic n'en est pas toujours facile, il est utile de s'appuyer sur de nouveaux signes, en particulier l'examen ophtalmoscopique, qui peut être d'un grand intérêt.

C'est pendant la période, dite latente, de ces abcès, que l'examen du fond de l'œil est d'une grande utilité. Alors qu'il n'existe avec l'otorrhée que de la céphalée, des nausées et des symptômes qui peuvent paraître vagues, l'examen ophtalmoscopique pratiqué pendant cette période peut, en montrant une névrite optique, assurer le diagnostic.

C'est la *névrite simple*, avec léger nuage des bords de la papille, qui est la forme la plus fréquente. La vraie papille de stase, qui est en rapport avec l'augmentation de la pression endo-crânienne, est rare dans les abcès cérébraux d'origine otique.

Cette névrite peut exister seule ou être associée à des *para-lysies des nerfs moteurs oculaires,* en particulier du moteur oculaire externe (Schubert), du moteur oculaire commun (Gren-field). Celle-ci, généralement incomplète et ne se traduisant que par du ptosis et de la mydriase, indique la localisation de l'abcès dans le lobe sphénoïdal.

Un autre signe, sur la valeur duquel ont insisté Knapp, Jaboulay et Lannois, Eulenstein, est important au point de vue de l'existence et du siège de l'abcès cérébral : nous voulons parler de *l'hémianopsie homonyme,* elle permet d'affirmer qu'il y a une interruption des fibres blanches qui vont du corps genouillé externe à la face interne du lobe occipital et de pré-ciser la localisation à la partie la plus reculée du lobe sphénoïdal.

Le *nystagmus* se rencontre surtout dans les abcès cérébelleux consécutifs aux otites.

Toutefois on ne saurait toujours se baser uniquement sur la présence de ces symptômes oculaires pour déclarer qu'il y a abcès du cerveau. Il peut y avoir névrite optique sans complication d'affection cérébrale. Et d'autre part, dans cinq cas d'abcès d'origine auriculaire, Heymann a trouvé constam-ment le fond d'œil normal, mais une fois il a constaté un ptosis, deux fois du blépharospasme, trois fois de la mydriase et dans deux cas de l'inégalité pupillaire.

Troubles oculaires dans la thrombose des sinus consécutive aux affections de l'oreille.

Dans l'immense majorité des cas, il s'agit de thrombose des sinus consécutive à des suppurations de l'oreille moyenne.

Cliniquement le cas se présente sous l'aspect suivant : un otorrhéique est pris de céphalalgie, de douleur aiguë du côté de l'oreille malade. En même temps éclatent : une fièvre plus ou moins élevée, souvent des frissons et des vomissements, de la constipation. Très souvent la mastoïde est douloureuse et gonflée, la douleur est assez fréquente suivant le trajet descendant de la veine jugulaire interne. On a signalé quelquefois un engorgement des veines de la tête du côté affecté. Enfin un symptôme oculaire vient parfois indiquer l'existence d'une méningite concomitante.

On a tenté de différencier cliniquement la thrombose de chaque sinus et on a voulu attribuer en particulier aux symptômes oculaires des caractères de diagnostic différentiel (Jansen).

D'une manière générale et très schématique, on peut dire que :

a) La localisation de la thrombose au sinus caverneux est très rare. Elle est caractérisée par de l'exophtalmie produite par l'œdème rétro-bulbaire, du chémosis et de l'amblyopie. Les altérations de la papille ne sont nullement propres à cette localisation de la thrombose, de même que la compression des 3e et 6e paires (paralysies oculaires, chute de la paupière, épiphora, douleurs névralgiques, etc.) ; elles peuvent être dues à une méningite concomitante.

b) Le fond de l'œil présente peu d'altérations dans la thrombose du sinus pétreux supérieur.

c) De même les altérations du fond de l'œil sont très inconstantes et partant sans valeur dans la phlébite du sinus pétreux inférieur, celle-ci consécutive habituellement à une suppuration du labyrinthe.

d) Jansen accorde une grande valeur « parmi les signes de la thrombose du sinus latéral, à l'œdème de la papille et à la névrite optique qu'il a observés dans près de la moitié des cas. L'existence d'un nystagmus bilatéral et synchrone n'a de valeur comme signe de phlébite ou de périphlébite du sinus que si l'on peut exclure toute participation du labyrinthe ou de l'arachnoïde. »

En somme, ces troubles oculaires dans la phlébite des sinus n'ont pas de valeur par eux-mêmes ; joints à d'autres signes, ils peuvent aider à affirmer et à préciser, dans une certaine mesure, l'existence et le siège de la thrombose.

III

Au cours des affections de l'oreille moyenne, il est deux symptômes oculaires que l'on trouve du reste dans les autres maladies de l'appareil auditif, mais ici plus marqués et qui méritent un développement plus spécial : nous voulons parler 1° du nystagmus, 2° de la névrite optique.

a) *Nystagmus*

Les cas de nystagmus dans les maladies de l'oreille publiés jusqu'ici, ne sont pas fréquents. En raison de leur rareté, nous croyons intéressant de rapporter les faits qui ont été signalés.

Deleau aurait fait connaître en 1840 la première observation. Dans un cas d'otite moyenne purulente chronique avec polypes, il remarqua un tremblement convulsif de l'œil, phénomène qui disparut avec la guérison de l'oreille.

Schwabach, en 1878, observa au cours d'une otite moyenne purulente avec gonflement de la région mastoïdienne, qu'une pression exercée sur les parties tuméfiées déterminait un mouvement oscillatoire des deux yeux, qui cessait avec la pression.

Peu de temps après, Pflüger nota un cas curieux de nystagmus qui se produisit pendant l'extirpation d'un polype ayant son point d'implantation dans la caisse. Le nystagmus se produisait chaque fois qu'on saisissait le polype avec le serre-nœud ou la pince.

En 1881, Burkner rapporte un cas très intéressant où l'introduction d'un spéculum dans l'oreille, le lavage du conduit et même l'attention attentive amenaient du nystagmus.

Moos rapporte qu'il se produisit chez un homme atteint d'une otite moyenne catarrhale chronique un tic convulsif accompagné de vertige et de nystagmus.

Kipp, en 1888, publie trois observations d'otite moyenne purulente avec nystagmus passager. Dans un cas, le nystagmus se produisit simultanément avec des vertiges, de vives douleurs mastoïdiennes, à l'occasion d'une poussée aiguë, au cours d'une otite moyenne suppurée. Dans les deux autres cas, il y avait otite moyenne avec lésions mastoïdiennes ; le nystagmus dans un de ces cas survenait quand on exerçait une pression sur l'apophyse.

Cohn, en 1891, mentionne le nystagmus dans trois cas d'inflammation purulente de la caisse. Dans deux cas, l'injection d'eau froide dans l'oreille, amenait un vif nystagmus rotatoire. Dans le dernier, il s'agissait d'une femme de 46 ans, nerveuse, qui présentait des accès caractérisés par des sensations de vertige intense et du nystagmus violent, accès qu'on pouvait facilement provoquer par une simple pression sur le tragus.

Jansen, dans son important travail sur le nystagmus réflexe dans les maladies de l'oreille, relate des observations plus nombreuses et offrant un grand intérêt. Dans les cas qu'il cite, il faut distinguer les cas de nystagmus se produisant : 1º dans les lésions de l'oreille moyenne avec ou sans complications du côté de l'oreille interne ou de la mastoïde ; 2º dans la thrombose des sinus consécutive aux suppurations otiques.

1. — Dans le premier ordre de faits, nystagmus d'origine purement auriculaire, Jansen cite environ 40 cas, qu'il répartit en deux groupes suivant leur durée : a) dans un très petit

nombre de cas, le nystagmus était de très courte durée, environ quelques secondes, et alors il survenait, soit quand le cathétérisme amenait du vertige, soit pendant le lavage de la caisse fait avec les tubes en S de Schwartze ; *b*) le plus souvent le nystagmus était de plus longue durée, persistait pendant quelques jours, des semaines, et même plusieurs mois. Dans ces cas, Jansen l'a observé : « dans les otites moyennes aiguës, purulentes, consécutives au coryza, avec ou sans empyème de l'apophyse mastoïde ; dans les otites moyennes aiguës suppurées consécutives à des extractions de corps étrangers, deux fois vraisemblablement comme expression d'une irritation labyrinthique ; quatre fois dans une maladie de Ménière avec plus ou moins de troubles auditifs marqués ; une fois dans une affection syphilitique du labyrinthe ; une fois dans une lésion traumatique du canal demi-circulaire horizontal (guéri) ; plusieurs fois dans une carie de ce canal (en partie guéri) ; une fois dans un abcès extra-dural à la paroi postérieure du rocher (guéri) ; une fois dans une otite aiguë avec fistule sur la paroi moyenne de l'antre, qui conduisait à un abcès extra-dural communiquant vraisemblablement largement avec le vestibule, dans la région du canal semi-circulaire inférieur ; une fois dans un abcès périsinusal avec gangrène du canal semi-circulaire horizontal membraneux ; une fois dans une fissure traumatique de l'écaille avec épanchement sanguin extra-dural et empyème très étendu de l'apophyse mastoïde occasionné par une otite chronique (guéri) ; plusieurs fois dans les arachnites avec affection labyrintique purulente simultanée. Comme il s'agit de mouvements oculaires conjugués et associés, il faut les considérer, dit Jansen, comme conséquence de lésions corticales, d'excitations et d'inhibitions du côté des centres corticaux optico-moteurs dans la circonvolution occipitale ».

2. — Dans huit cas de thrombose des sinus, Jansen a

observé le nystagmus. Il persistait quelquefois longtemps après l'opération, diminuant peu à peu pour disparaître, ou bien il cédait directement après la trépanation, ainsi par exemple dans le cas d'un volumineux abcès périsinusique avec carie du canal semi-circulaire horizontal membraneux. « Les mouvements oscillatoires se produisaient aussi bien dans la direction du regard à droite et à gauche, mais seulement vers le côté de l'oreille saine.

Parmi ces huit cas, il y en avait quatre avec des affections labyrinthiques, les quatre autres n'ont pas été examinés au point de vue de l'oreille interne. Une fois l'affection labyrinthique se manifestait par la suppuration de la fenêtre ovale avec la destruction de la partie antérieure du canal semi-circulaire supérieur, deux fois il existait une carie du canal semi-circulaire horizontal, une fois une carie du canal semi-circulaire supérieur et inférieur. Dans trois de ces cas l'autopsie permit de découvrir une arachnite suppurée, une fois à la base avec du pus dans le quatrième ventricule ; on trouva également un gros abcès extra-dural à la partie postérieure du rocher.

Les cas sans affection labyrinthique étaient compliqués : une fois de cysticerque cérébral dans le quatrième ventricule, une fois d'un abcès du cervelet, une fois d'un abcès extra-dural à la partie postérieure du rocher, une fois d'une arachnite de la base, avec pus dans les ventricules et hémorrhagie dans l'épendyme. »

Tout récemment, Urbanschitsch a consacré une très intéressante étude aux influences réflexes exercées sur l'œil par l'intermédiaire de l'organe de l'ouïe.

En ce qui a rapport au nystagmus, il l'a observé surtout

pendant les lavages de l'oreille, notamment lorsqu'on se sert, à cet effet, d'eau un peu froide et sous l'influence des pressions exercées sur les parois de la caisse du tympan, particulièrement sur l'étrier. Urbantschitsch a remarqué un nystagmus survenant spontanément dans les affections inflammatoires de la caisse. Il cite le cas d'un jeune homme qu'il traitait pour un cholestéatome de l'oreille moyenne et qui fut pris de violents vertiges avec nystagmus bilatéral extrèmement intense : le traitement fit disparaître ces accidents.

Au point de vue étiologique, le nystagmus peut apparaître au cours des affections de l'oreille : 1º spontanément ; 2º secondairement à une excitation quelconque. Le nystagmus survient spontanément, surtout au cours des inflammations aiguës de la caisse. Mais ces' faits sont rares. La plupart du temps le nystagmus s'observe sous l'influence d'irritations, le plus souvent mécaniquement produites, et portant sur les parties profondes de l'oreille.

Il peut être occasionné par des lésions : 1º de l'oreille externe ; 2º de la caisse du tympan et de ses annexes ; 3º du labyrinthe, quelquefois il reconnaît comme cause une excitation de l'acoustique.

On a pu le provoquer par une pression sur le tragus, mais on l'observe principalement pendant les lavages de l'oreille malade, soit qu'on pratique le lavage de la caisse avec des canules spéciales, soit qu'on fasse une simple irrigation dans le conduit avec une seringue ordinaire. En particulier, quand on emploie l'eau froide, on peut déterminer ces mouvements oculaires, ce qui prouve qu'il n'y a pas seulement un effet de pression sur la membrane tympanique et l'oreille interne, mais encore un réflexe thermique : rappelons du reste un accident analogue, le vertige, qu'on produit beaucoup plus facilement avec une injection d'eau froide qu'avec de l'eau chaude. L'influence des pressions exercées sur les parois de la caisse du tympan, particulièrement sur l'étrier, entre en jeu également dans une grande mesure pour amener des mouvements convulsifs des yeux : le nystagmus a été souvent noté à la suite de tentatives d'extraction ou de mobilisation de polypes auriculaires. Dans beaucoup de cas, le nystagmus survient dans le cours d'otites moyennes aiguës suppurées avec ou sans complications du côté de l'apophyse mastoïde, plus souvent il est vrai, il existe une mastoïdite ; on l'a noté également à la suite des cathétérismes de la trompe, mais coexistant dans ce cas avec des phénomènes vertigineux. Les affections de l'oreille interne, spécialement des canaux semi-circulaires (lésions traumatiques, carie, etc.), la maladie de Ménière, etc., sont une cause fréquente de nystagmus. On peut aussi l'observer dans les phlébites des sinus consécutives aux suppurations otiques. Enfin, comme Urbantschitsch s'en est rendu compte à plusieurs reprises, le nystagmus peut être provoqué par de simples pressions acoustiques, par un son déterminé, parfois même par certaines notes musicales seulement. Il s'agit alors généralement d'un très léger nystagmus, se développant quand la personne fait un effort d'attention. Burkner a publié un cas analogue. Dans ces cas, le nystagmus est généralement oscillatoire, rarement rotatoire.

Ce nystagmus d'origine otique affecte ordinairement la forme oscillatoire, plus rarement il est rotatoire, le plus souvent il est horizontal, toujours il est bilatéral. Il survient en général par accès, et souvent il est accompagné de sensations vertigineuses, contrairement au nystagmus ordinaire. Ces mouvements se produisent presque constamment de la façon suivante : *a)* bilatéraux et synchrones quand ils sont horizontaux, *b)* oscillatoires et rotatoires faibles. Le plus souvent ils se présentent sous la forme de secousses courtes et rapides, ou bien lentes et étendues pendant la fixation. Ces secousses surviennent généralement quand le regard est dirigé dans un sens opposé à celui de l'oreille malade, souvent même aussitôt que le regard dépasse la ligne médiane ; elles augmentent quand le regard est très obliquement dirigé vers l'oreille saine, tandis que dans le regard même très prononcé vers le côté de l'oreille malade, les yeux sont complètement immobiles ou seulement agités par de très faibles et rares mouvements.

La rapidité de ces mouvements nystagmiques est des plus variables, et à cet égard on peut voir de très grandes différences ; elles dépendent, comme le dit Urbantschitsch, soit de l'intensité d'action produite par l'oreille, soit de phénomènes de nature individuelle et on peut observer que les excitations d'égale force ne donnent pas lieu à des mouvements toujours correspondants.

Mais il peut exister des variétés dans ces formes sous lesquelles se manifeste le nystagmus. Ainsi, dans un cas d'Urbantschitsch, une excitation très faible de la caisse amenait un nystagmus oscillatoire, tandis qu'une plus forte produisait un nystagmus rotatoire. Quelquefois aussi, une très forte déviation des yeux dans la direction opposée à l'oreille malade ou excitée, au lieu de favoriser l'apparition du nystagmus, ainsi qu'il arrive ordinairement, peut le diminuer ou même l'empêcher. Enfin, dans les cas de thrombose des sinus rapportés par Jansen, il existait deux fois un nystagmus survenant dans les deux directions du regard, à droite ou à gauche.

Ces mouvements nystagmiques sont en général passagers, ils ne durent que quelques secondes, souvent même ils ne se montrent qu'une seule fois. Les cas où ils ont persisté longtemps sont extrêmement rares. C'est ainsi que dans un cas d'Urbantschitsch, où la pénétration d'un insecte dans le conduit auditif avait provoqué une otite violente avec perforation du tympan, l'auteur a observé un nystagmus oscillatoire des deux yeux. Au bout de dix ans, ce malade présentait toujours du nystagmus, bien que l'oreille fût guérie depuis longtemps. Jansen a observé un cas semblable où le nystagmus a persisté plusieurs semaines.

La pathogénie du nystagmus d'origine auriculaire doit être envisagée de la façon suivante :

1° Le nystagmus apparaît dans le cours d'une lésion de l'oreille externe, moyenne ou interne, sans complications de voisinage. Dans ces cas, on peut expliquer le nystagmus par une augmentation de pression dans l'oreille interne, qui provoquerait une irritation des terminaisons ampullaires du nerf acoustique, d'où par voie réflexe nystagmus. Nous ne rappellerons pas ici les expériences de Flourens, de Brown-Séquard, de Cyon qui, le premier, démontra la connexion physiologique qui existe entre les canaux semi-circulaires et le centre d'innervation des muscles de l'œil, de Baginsky, de Lucœ, de Hőgyes, etc., nous avons longuement développé plus haut toutes ces théories qui trouveraient ici leur place.

Le nystagmus survenant dans cette catégorie de faits doit être considéré comme un réflexe qui émane des ramifications vestibulaires du nerf acoustique, comme une irritation labyrinthique. Comme nous le disions plus haut, l'irritation de ces terminaisons nerveuses est due à la pression exercée par l'exsudat de la caisse, à travers les fenêtres rondes et ovales : c'est ainsi qu'on peut expliquer le nystagmus à la suite d'un lavage violent de l'oreille, d'un polype, d'une otite moyenne suppurée, etc. Cette hypothèse est basée sur la physiologie expérimentale : on sait que l'excitation des canaux semi-circulaires a provoqué des troubles oculaires au nombre desquels le nystagmus. Magnan et Gellé ont rapporté à la Société de biologie, le cas d'une otite moyenne purulente chez un lapin, qui avait déterminé du vertige, de la torsion du cou, du nystagmus et des mouvements de manège. Or, la lésion était tout à fait localisée à l'oreille moyenne, l'oreille interne était intacte des deux côtés, il n'y avait aucune complication méningée ni cérébrale, tous les troubles précédents ne pouvaient donc être rapportés qu'à une compression de l'oreille interne par l'accumulation purulente dans la caisse du tympan.

Selon d'autres auteurs (Pflüger, Hitzig, Curschmann), le nystagmus ne serait pas un effet direct de l'excitation des canaux demi-circulaires et dans cette seconde hypothèse, il serait le résultat de l'excitation propagée à l'encéphale, notamment au cervelet.

On a voulu enfin placer le point de départ du réflexe dans une irritation des nerfs sensibles de la caisse, du plexus tympanique : on s'est basé sur ce fait que l'excitation des nerfs de la caisse produit souvent des sensations vertigineuses graves, ainsi qu'on a pu en observer au cours de simples lavages. Cette hypothèse n'a rien d'invraisemblable, mais elle attend les preuves que lui fournira l'expérimentation.

2° Quant le nystagmus se montre au cours d'affections auriculaires compliquées de lésions cérébrales, de thrombose des sinus, sa pathogénie est différente. Avec Jansen, on peut dire qu'il peut être produit : *a)* par action directe et compression des circonvolutions occipitales, ainsi qu'il arrive dans les abcès extra-duraux, etc.; ou par irritation, hypérémie, stase dans l'arachnite, des lobes occipitaux; ou par la thrombose des sinus dans le territoire du lobe occipital ; *b)* par l'intermédiaire du labyrinthe (pression sur les vaisseaux sanguins et lymphatiques de l'aqueduc vestibulaire et stase consécutive dans le labyrinthe, ou thrombose du sinus avec continuation de la thrombose dans la veine de l'aqueduc vestibulaire).

En résumé, le nystagmus est assez fréquent au cours des maladies de l'oreille, on doit le rechercher, car, quelquefois, il est tellement passager, si faible et se produit d'une manière si rapide qu'il passe inaperçu de la part du malade. On l'observera surtout au cours des lavages de l'oreille et des affections de la caisse. Il est presque toujours d'origine labyrinthique ; dans quelques cas seulement, on devra songer à une méningite d'origine otique ou à une thrombose des sinus dans le voisinage du rocher.

b) *Importance de l'examen de l'œil dans l'otite moyenne purulente et ses complications. — De la névrite optique.*

Les inflammations de l'oreille moyenne s'accompagnent souvent de troubles cérébraux et de phlébite des sinus. Lebert, le premier, a bien montré la relation entre certaines affections du cerveau et les suppurations de l'oreille moyenne.

Nous verrons les liens étroits, anatomo-physiologiques, qui unissent l'oreille au cerveau et comment par suite les affections de ce dernier organe peuvent retentir sur l'œil.

Le diagnostic de ces inflammations cérébrales, conséquence d'otites moyennes, est quelquefois difficile, car il existe en effet des symptômes : vertiges, abattement, etc., qu'on peut rencontrer dans des affections labyrinthiques, sans qu'il y ait trace de lésions cérébrales. Pour assurer le diagnostic, on a recherché des signes nouveaux, parmi lesquels l'examen ophtalmoscopique, et qui permettent d'apporter dans ce but une certaine précision. Depuis longtemps on avait signalé la parésie de certains muscles oculaires, la déformation de la pupille, la fixité du regard, etc., comme un élément de diagnostic important pour reconnaître l'inflammation intra-crânienne, consécutive aux otites. Türck, de Grœfe, Schnell, ont attiré l'attention sur la relation entre l'inflammation du nerf optique et l'affection cérébrale et ont montré l'importance qu'il y avait pour l'auriste à pratiquer l'examen du fond de l'œil. Ce sont surtout les travaux de Albutt, de Kipp, de Zaufal, d'Andrews, qui ont fait faire un grand pas à la question. Barnick, dans un travail intéressant que nous reproduisons en partie, a bien insisté sur l'utilité de l'examen ophtalmoscopique pour le diagnostic d'une affection cérébrale au début, suite d'otite.

Albutt est un des premiers qui a attaché une grande signification aux lésions ophtalmoscopiques et les a bien étudiées chez les otorrhéiques. Il a rapporté deux cas typiques. Dans l'un, il s'agissait d'une otorrhée scarlatineuse ayant provoqué des troubles méningitiques : l'examen du fond de l'œil montra une forte injection de la papille avec limites diffuses et dilatation veineuse, du côté correspondant à l'œil malade. Dans le second cas, les deux oreilles étaient atteintes, les papilles étaient œdématiées, congestionnées.

Lutphen, dans deux deux cas de carie du temporal qui furent mortels, trouva des troubles remarquables du côté de l'organe de la vision. Dans un cas, il existait une papillite bilatérale, par stase ; il y avait un énorme abcès dans le lobe temporal et frontal. Dans le second cas, on remarquait, outre l'œdème papillaire, une paralysie complète du nerf abducteur. Il y avait une thrombose du sinus latéral droit, une carie du rocher, des parois de l'oreille moyenne et de la mastoïde.

Le plus grand travail sur cette question est dû à Kipp (de New-York), qui fit un examen systématique des yeux dans tous les cas d'otorrhée. Parmi 50 malades, il trouva quatre fois seulement la névrite optique, dans deux cas les malades moururent, dans les deux autres ils guérirent de leur prétendue affection cérébrale. Chez le premier malade, au moment où la méningite était à son apogée, la névrite optique était à son maximum. Le second qui avait une carie de l'apophyse mastoïde avec un abcès cérébral et de la thrombose des sinus, mourut en présentant jusqu'à la mort le même fond d'œil. Le troisième cas qui guérit, malgré une inflammation grave du cerveau avec abcès de la nuque et érysipèle de la moitié droite de la face, présenta au vingtième jour le très intéressant fond d'œil suivant : papilles gris-rougeâtres, non opaques, sillonnées de petits vaisseaux radiés, les limites des papilles avaient disparu. Dans l'œil droit, la rétine présentait en dedans de la papille une petite tache blanche, mal délimitée, du diamètre de la moitié de la papille, et parcourue par une petite artère. Le reste de la rétine était normal. La malade quitta l'hôpital sept semaines après, mais encore avec un peu de gonflement papillaire. Six mois après, l'état général était parfait, la caisse guérie, les papilles redevenues normales. La tache blanche avait presque disparu et ses anciennes limites étaient marquées seulement par quelques petits points pigmentaires. Enfin, le quatrième cas montra, dans la méningite consécutive à une otite moyenne chronique, une névrite optique jusqu'à la mort.

Depuis cette publication de quatre cas d'otite moyenne purulente accompagnée d'une névrite optique, Kipp a examiné systématiquement les yeux dans presque tous les cas de suppuration d'oreille qu'il a eu à traiter, et voici le résumé des résultats obtenus jusqu'en 1887.

La névrite optique n'existait qu'en très petite proportion dans les cas examinés. Il y avait alors, le plus souvent, à côté de la névrite optique, des symptômes caractéristiques de méningite ou d'abcès cérébral (fièvre, céphalalgie persistante, vomissements, délire, somnolence, stupeur, convulsions, hémiplégie ou paralysie des muscles de l'œil, soit en même temps que la névrite optique, soit bientôt après.

Zaufal a fait des recherches à la Clinique de Halle. dont

on peut retirer un résultat précieux pour le diagnostic. Dans tous les cas où il y eut méningite ou thrombose des sinus ou les deux, à la suite d'une otite moyenne suppurée avec ou sans carie du temporal, il y eut des modifications nettes dans le fond de l'œil. En dehors de la dilatation des veines et de l'injection de la papille qui a perdu ses contours, il y eut chez une malade dans le point d'émergence des vaisseaux centraux une hémorrhagie couvrant le milieu de la papille. Zaufal assure aussi que, en même temps que les phénomènes d'irritation intra-crânienne rétrocédaient, il y avait en même temps peu à peu disparition des phénomènes papillaires. Zaufal recommande également l'examen du fond de l'œil dans tous les cas de corps étranger de la caisse, parce qu'alors les phénomènes inflammatoires du fond de l'œil sont une indication imminente d'intervention afin d'éviter une affection cérébrale menaçante.

Schwartze, dans son « Traité des affections chirurgicales de l'oreille », mentionne à plusieurs reprises, la « staungs-papille » névrite optique, dans les affections chroniques de l'oreille et leur valeur diagnostique et pronostique. En précisant les indications de la trépanation de l'apophyse mastoïde, il dit : « si dans une suppuration chronique de l'oreille moyenne, on constate, à côté des autres symp-tômes cérébraux, une « staungspapille », il est vraisem-blable alors qu'il y a des troubles circulatoires marqués dans le cerveau, et que cela constitue une indication encore plus pressante que les autres symptômes, pour opérer immédiate-ment. Ces modifications du fond de l'œil qui, tantôt sont bilatérales, tantôt unilatérales, et non toujours situées du côté de l'oreille malade, ne sont pas, par elles seules, une indi-cation suffisante. L'opération sera faite quelquefois plus tard, malgré de tels signes ophtalmoscopiques, et la guérison pourra s'observer avec rétrocession de l'affection oculaire ». Schwartze ajoute, en traitant de la pyémie par phlébite des sinus cérébraux : « l'examen ophtalmoscopique doit être fait dans tous les cas douteux, même s'il n'y a pas de symptômes fonctionnels du côté de la vue, car alors il peut y avoir des signes anatomiques très marqués du côté de la papille. »

Andrews a rapporté 9 cas. Chez tous les malades, les symptômes cérébraux étaient consécutifs à une affection de l'oreille moyenne ; chez tous, il existait une névrite optique très marquée. L'un deux guérit de sa papillite en même temps que de ses autres troubles.

Barnik, en 1892, donne le résultat des recherches très intéressantes qu'il a pratiquées à la clinique de Schwartze. Nous les reproduisons dans leur entier.

Tous les malades qui se présentèrent à la clinique de Schwartze avec une affection purulente de l'oreille moyenne, aiguë ou chronique, et qui offrirent le moindre soupçon de complication cérébrale, furent examinés au point de vue ophtalmoscopique. Il y en eut ainsi 20 qui furent examinés de la sorte. Les malades chez lesquels se développa une névrite optique présentèrent les autres signes caractéristiques d'une affection cérébrale, mais seulement d'une manière générale quelques jours après le début de la papillite ; une seule fois par exemple, dans un cas de méningite purulente compliquée d'abcès du cerveau, il manqua constamment les symptômes d'augmentation de pression intra-crânienne (c'est-à-dire mydriase, immobilité de la pupille, irrégularité de la respiration, inégalité du pouls), et l'intelligence fut conservée jusqu'à l'avant-dernier jour.

18 fois, il s'agissait d'une otite moyenne chronique, le plus souvent liée à des caries, polypes et cholestéatomes, deux fois on eut affaire à une otite aiguë. Chez tous les malades

la mastoïde fut trépanée ; chez l'un, qui avait un abcès du lobe temporal, on dut faire ultérieurement la trépanation du crâne. Dans 13 cas, la mort eut lieu dans un laps de temps variant jusqu'à six semaines ; on obtint 7 guérisons. Dans les cas terminés par la mort, on trouva à l'autopsie, 8 fois une méningite purulente (quatre fois accompagnée de phlébite des sinus et de métastase purulente dans les autres organes), une fois une méningite tuberculeuse, et 4 fois un abcès du cerveau. Parmi les 7 malades qui ont guéri, 2 fois on avait fait le diagnostic d'abcès cérébral, 5 fois d'inflammation suppurée du cerveau. Chez ces derniers, il y eut dans trois cas, absence de fièvre.

Parmi ces vingt malades, onze, malgré un examen répété du fond de l'œil, ne présentèrent rien de particulier, chez les neuf autres on constata une névrite optique : de ces neuf, sept moururent, deux guérirent.

L'examen des yeux, qui a été fait à cette clinique de Halle, amenait à cette conclusion, dit Barnik, que le moment où l'inflammation de la papille était le plus marqué, correspondait au point où l'inflammation cérébrale était le plus intense et qu'à une amélioration de l'état général répondait une amélioration de l'affection oculaire. Au point de vue des symptômes ophtalmiques qui furent constatés, il faut remarquer qu'ils ne se distinguèrent en aucune façon dans la plupart des cas d'une névrite optique de moyenne intensité. Chez trois malades seulement, il y eut une staungs-papille très intense, une fois avec taches blanches dans la rétine, les deux autres fois avec coloration gris-rougeâtre de la papille. Ses limites étaient le plus souvent un peu diffuses. Les veines étaient toujours tortueuses et partout plus dilatées qu'à l'état normal. Avant le moment où se produisit la papillite, on ne constata dans aucun cas une parésie d'un nerf crânien, deux malades seulement présentèrent en même temps des spasmes dans le territoire du facial que l'on ne peut rapporter certainement qu'à une affection de l'os temporal, plus tard il se produisit plusieurs fois de l'hyperesthésie, deux fois une paralysie d'un membre supérieur qui disparut dans un cas au bout de deux jours.

Barnik rapporte trois nouvelles observations (les vingt précédentes ont été publiées dans les *Archiv für Ohrenheilkunde*, XXXVI, 44), que nous citons in-extenso, et où il y eut de la névrite optique. Ces trois cas font suffisamment reconnaître que les signes ophtalmoscopiques permettent de certifier une propagation de l'inflammation de la caisse à l'intérieur du cerveau, alors qu'il n'existe pas encore d'autres symptômes d'irritation intra-crânienne. La dernière observation, en particulier, est très nette, très instructive ; bien que le patient, à son entrée, n'ait présenté aucun signe de complication cérébrale, la légère stase des veines de la papille, ainsi que ses contours diffus laissaient déjà présumer un danger menaçant de la participation de la cavité crânienne à l'inflammation. Plus tard, malgré une température constante et moyenne, aucun symptôme méningé ne prédomina : la névrite optique seule laissait prévoir une méningite.

Depuis, de nouvelles observations ont été publiées dans lesquelles la névrite optique a été décrite au cours de l'otite moyenne ou de ses complications. Politzer a vu des lésions ophtalmoscopiques au cours d'otites moyennes purulentes non compliquées d'affections cérébrales. Schmiegelow, Schubert, Brieger, Knapp, Grenfield, etc., ont rapporté également des cas de névrite optique.

De ce long historique et de ces observations que nous venons de résumer ou qui figurent in-extenso à la fin de ce travail, nous tâcherons de dégager une étude de la névrite optique au cours de l'inflammation purulente de l'oreille moyenne.

Tout d'abord, nous poserons en principe que la névrite optique a été rarement signalée dans le cours d'une otite moyenne non compliquée, presque toujours elle annonce une affection cérébrale, suite d'otite. C'est de ces cas dont nous allons nous occuper.

Sa fréquence est très variable, elle varie beaucoup selon les statistiques des auteurs. Certains la regardent comme très fréquente (Zaufal, Andrews) et dans ce cas elle indique toujours une complication du côté du cerveau, méningite, thrombose d'un sinus, abcès. Pour d'autres, au contraire (Kipp), la névrite optique est rare, et alors quand elle existe, elle évolue parallèlement à une méningite ou à un abcès du cerveau. Entre les deux extrêmes, existe le moyen, représenté par Barnik, qui a trouvé cette complication oculaire dans à peu près la moitié des cas. Nous pensons qu'il se produit ici ce qui se passe pour toutes les statistiques faites sur un nombre de cas insuffisant et que les résultats pourraient être tout autres si, systématiquement, l'on examinait tout otorrhéique, à la fois pendant le cours de son otorrhée, à des intervalles plus ou moins éloignés, et à la moindre apparition d'un phénomène insolite quelconque du côté du cerveau. Que dirait-on du chirurgien, qui, ayant exécuté un nouveau procédé opératoire pour l'ablation d'une tumeur, quatre fois par exemple avec succès, concluerait à une guérison de cent pour cent, à l'aide de cette méthode !

Si cette donnée étiologique n'est pas encore nettement établie, il n'en est pas de même des conditions dans lesquelles s'observe la névrite optique. Dans l'immense majorité des cas, elle survient dans le cours d'une vieille otorrhée, et il est tout-à-fait exceptionnel de la voir signalée pendant une otite

aiguë. Presque toujours il s'agit d'une ancienne otorrhée réchauf-
fée, ou compliquée de carie de la caisse, de mastoïdite, ayant
entraîné des lésions cérébrales. Dans quelques cas il y avait
une mastoïdite qui a dû être trépanée, quelquefois la région
mastoïdienne était tout à fait normale. Presque toujours la
membrane du tympan était perforée, la muqueuse de la caisse
était rouge et tuméfiée, présentant parfois des polypes. Ajoutons en outre la carie, quelquefois signalée, des parois du
conduit, ou de la caisse, ou de l'apophyse. Enfin, venant se
greffer sur tout cet ensemble anatomo-clinique, des signes
d'irritation et d'inflammation cérébrales, servant d'intermédiaire
entre l'oreille et l'œil.

Presque tous les malades observés étaient des adultes : c'est
en effet, avec l'enfance, l'âge de prédilection de l'otite moyenne
purulente.

Dans la plupart des cas la névrite était bilatérale.

Le début de la névrite optique est très variable, presque
toujours lent et progressif, et le malade n'attire pas l'attention
sur les troubles oculaires. Quelquefois on la trouve par hasard
au cours d'une otorrhée et alors elle indique une complication
cérébrale imminente ; plus souvent on ne la voit qu'à la
période où ces accidents cérébraux sont en pleine évolution.

Deux cas sont à distinguer :

a) Quelquefois la névrite optique s'observe avec une otite
moyenne chronique suppurée, compliquée de troubles cérébraux, mais peu graves, de moyenne intensité, par exemple
une élévation de la température, de la céphalalgie, des vertiges,
parfois des nausées, des vomissements. Dans ces cas on n'observe jamais de paralysie faciale ou d'hémiplégie. C'est dans
ces formes, qui guérissent souvent, qu'on a noté souvent la
carie de la paroi externe de la mastoïde. Kipp cite un cas où
la névrite optique ne se développa qu'après la perforation

spontanée de la corticale, et la formation d'une fistule, fait paradoxal, car habituellement la névrite optique, comme la plupart des autres accidents, cesse avec la disparition de la rétention du pus. Dans cette catégorie de cas, relativement favorables, les malades guérissent et il ne persiste aucune altération marquée de la vue, quoique les papilles optiques soient cependant un peu pâles. Terminons en ajoutant que quelquefois dans ces otorrhées avec accidents cérébraux, la névrite optique peut manquer.

b) L'otorrhée est compliquée de symptômes évidents de méningite ou d'abcès cérébral, qui entrainent fatalement la mort. Il n'y a aucun doute sur l'exactitude du diagnostic, on l'a presque toujours vérifié à l'autopsie et on a pu constater qu'une carie du toit de la caisse ou de l'antre avaient été le point de départ des accidents. Eh bien, dans ces cas si nets de méningite ou d'abcès cérébral otique, la névrite optique existe, mais pas constamment, et on l'a vu manquer dans la moitié des cas.

On peut donc conclure, comme certains auteurs : 1º que la propagation d'une otorrhée à la cavité crânienne n'a pas toujours pour conséquence une névrite optique ; 2º que les troubles cérébraux qui accompagnent l'otite et déterminent la névrite optique n'ont pas toujours une issue funeste ; 3º que la névrite optique n'est pas un symptôme constant de méningite ou d'abcès du cerveau, mais elle indique une participation quelconque du cerveau ou de ses enveloppes, à l'inflammation. de l'oreille.

La valeur diagnostique de l'apparition de ce symptôme oculaire, en relation avec l'otorrhée, est très importante, bien souvent elle doit éveiller l'attention de l'auriste, qui doit regarder cette névrite optique comme l'indice d'une complication intra-crânienne qui existe ou va se produire. D'autre part, comme le fait si justement remarquer Kipp, « il ne faut pas oublier que la névrite optique peut se développer chez des sujets, plus particulièrement chez des enfants, indemnes de toute maladie d'oreille et jouissant en apparence de la meilleure santé. Ainsi une névrite optique primitive pourrait donc coïncider avec une inflammation purulente de l'oreille : ces coïncidences sont extrêmement rares. Il est impossible de différencier par l'examen de l'œil une névrite optique primitive d'une névrite consécutive : on la regarde comme primitive quand tout signe d'irritation du cerveau fait défaut. Pour éviter les erreurs de diagnostic, on doit examiner l'œil dès le début de la maladie d'oreille, car autrement on ne peut être certain que la névrite ne l'ait précédée. La scarlatine et la rougeole, qui déterminent si souvent des suppurations de l'oreille moyenne, peuvent aussi être une cause de névrite optique. Celle-ci, en pareil cas, est le résultat d'une méningite. On peut aussi rappeler que la méningite tuberculeuse se greffe parfois sur une affection de l'oreille et peut amener le développement de la névrite optique ».

Cliniquement, voici ce que l'on observe. D'abord la vision peut ne pas être très diminuée, et c'est une raison pour laquelle les malades n'attirent pas l'attention de l'auriste du côté de l'œil.

Si l'on pratique l'examen ophtalmoscopique au début de la maladie, on trouve un manque de délimitation de la papille, les bords sont effacés ; la papille perd sa couleur rose, devient rouge ou rouge-gris. Les vaisseaux, devenant plus nombreux, sont tortueux, les veines rétiniennes sont plus volumineuses qu'à l'état normal. Ces vaisseaux disparaissent par places et sont entremêlés de stries blanchâtres ou d'hémorrhagies. L'étranglement de la papille est fort rare.

Cette névrite peut être passagère, guérir, et la vision

redevenir normale dans les cas favorables, sinon elle persiste jusqu'à la mort.

De la lecture des observations qui ont trait à la névrite optique notée dans le cours des affections de l'oreille moyenne, il ressort qu'elle peut constituer une indication de traitement. Elle annonce des complications ou les fait prévoir. Ces complications sont dues à la propagation de l'inflammation purulente aux régions voisines. Il faut, suivant les préceptes de la chirurgie générale, donner issue à ce pus, pour faire cesser les accidents dus à la rétention ; on le cherchera suivant les indications, dans la mastoïde et dans la cavité crânienne. Souvent la névrite disparaîtra, en même temps que se produira l'amélioration de l'état général, dans quelques cas elle persiste même après la trépanation.

Pathogénie de la névrite optique d'origine auriculaire.

L'enchaînement pathologique est le suivant : l'oreille réagit d'abord sur le cerveau ou ses enveloppes, lesquelles retentissent ensuite sur l'œil. Ceci nous amène à discuter quelles sont les relations d'abord entre l'oreille et le cerveau, et entre ce dernier et l'œil. Nous avons fait cette étude complète au chapitre de l'anatomie.

Nous rappellerons ici les principales voies que suit la suppuration de l'oreille moyenne pour arriver dans le crâne. Tout d'abord elle peut y pénétrer par les nombreux trous ou déhiscences que présente la caisse : toit ou coupole de la caisse dont la paroi est réduite quelquefois à une extrème minceur et peut manquer, aqueduc de Fallope, canal carotidien. L'inflammation microbienne peut encore utiliser la voie de l'oreille interne, en passant à travers les fenêtres ronde et ovale. Enfin, les fissures et sutures que présente le temporal peuvent encore servir de porte d'entrée pour les germes infectieux de l'oreille moyenne.

Une fois introduit dans la cavité crânienne, le processus

inflammatoire peut se comporter différemment : s'il a suivi la voie mastoïdienne, par carie de l'antre et nécrose des parties voisines, il peut provoquer une thrombose du sinus latéral, ou déterminer la phlébite d'autres sinus ; s'il y a eu carie du rocher, destruction du toit de la caisse, etc., il peut se propager à la dure-mère, aux autres enveloppes cérébrales et produire une pachy-méningite, ou bien déterminer un abcès du cerveau par propagation. Quelquefois la simple hypérémie des méninges peut produire des symptômes graves comprenant la névrite optique : il nous suffit de rappeler les expériences de Duret et Bochefontaine, amenant des troubles oculaires, strabisme, diplopie, etc., par l'excitation de la dure-mère.

Comment, maintenant, expliquer les rapports entre les inflammations du cerveau et celles du nerf optique ? C'est Grœfe qui, le premier, en 1860, a bien étudié ces relations, il montra la fréquence de la névro-rétinite dans les affections cérébrales et il en distingua deux formes. La première, qu'il nomma *stauungspapille*, due à des troubles circulatoires et à la stase sanguine, appelée par les auteurs anglais *schoked disc* et *neuro-papillite* par d'autres auteurs. Dans ces cas, les phénomènes inflammatoires semblent localisés à la papille seule qui, à l'ophtalmoscope, se présente avec un aspect œdémateux, avec des artères filiformes et des veines variqueuses.

La gêne de la circulation veineuse intra-crânienne retentit, d'après Grœfe, sur les branches de la veine centrale de la rétine, parce que l'orifice inextensible de la sclérotique, au niveau de la terminaison du nerf optique, produit un véritable étranglement de la papille.

La deuxième forme a été décrite par Grœfe sous le nom de névrite descendante, elle est due à la propagation de l'inflammation des méninges à l'œil, le long des nerfs optiques ; elle se traduit sur la papille par l'injection et la rougeur, sans phénomènes de stase. Dans la pratique il n'est pas facile de distinguer ces deux formes, car dans certains cas la stase et l'inflammation peuvent coexister. Ainsi une méningite chronique peut produire une névrite descendante par propagation de l'inflammation aux nerfs optiques et de la stase par l'hydrocéphalie concomitante.

Quant à la propagation du processus inflammatoire le long des nerfs optiques, dans le cas d'abcès du cerveau, par exemple, consécutifs aux otites, son explication a été donnée par des preuves expérimentales.

Le premier qui entreprit des expériences dans ce but, fut Quincke. Il injecta à des chiens une émulsion de cinabre dans la cavité cérébro-spinale ; dans les quatre premiers jours il sacrifiait les animaux. A l'autopsie, il trouva constamment une diffusion du cinabre à la base du cerveau principalement, dans le tissu conjonctif sous-arachnoïdien et dans la pie-mère. Mais jamais il ne rencontra de grains colorés au-delà des canaux osseux livrant passage aux nerfs crâniens et dans les branches de ces nerfs. Seul, le nerf optique fit exception et sa gaîne présenta toujours de la matière colorante. La pénétration du cinabre se faisait très rapidement et il arriva même qu'on put en trouver au bout de 24 heures. L'espace sous-vaginal en renfermait principalement, rarement Quincke en observa au-niveau de l'espace sus-vaginal, on en trouvait entre la gaîne interne et la gaîne externe (Schwalbe) du nerf optique, dans l'espace qui communique avec l'espace arachnoïdien et qui est fermé au niveau du globe oculaire. De ses recherches, Quincke conclut qu'il existe un échange normal de liquide entre la cavité sous-arachnoïdienne et la gaîne du nerf optique.

Deutschmann continua ces expériences. « Il injecta à des lapins quelques gouttes de pus tuberculeux sous la voûte crânienne. L'opération n'était suivie d'aucune réaction ; ensuite

on n'aurait jamais observé d'action sur les animaux, si l'ophtalmoscope n'avait permis de saisir les processus pathologiques
qui se passaient dans la cavité crânienne. Trois semaines après
l'injection, il se faisait dans les deux yeux une dilatation des
vaisseaux rétiniens avec sinuosités très marquées des veines
et rougeur de la papille. Celle-ci augmentait les jours suivants
et il se produisait en même temps du boursouflement des
bords papillaires. Ou cet état persistait pendant quelques jours
pour disparaître ensuite sans laisser de traces, ou bien ce
processus s'aggravait et aboutissait à une papillite très marquée
qui présentait au bout de quatre semaines le tableau typique
d'une atrophie du nerf optique. Les autopsies de ces animaux
pratiquées à des époques différentes montrèrent dans tous les
cas, comme cause fondamentale des lésions observées à l'ophtalmoscope, une affection tuberculeuse des gaînes des nerfs optiques
provoquées par une tuberculose miliaire de la dure-mère,
autant que de la pie-mère et de la substance cérébrale. Cette
tuberculose des gaînes n'était pas toujours la conséquence de
celle des méninges.

Chez les lapins tués à la même époque, on pouvait trouver
les premiers tubercules de ces espaces intergaînaux au point
où le nerf optique pénètre le globe oculaire. De ce point,
le processus s'étend aussi bien vers l'extérieur de l'œil, en
suivant vraisemblablement le trajet des vaisseaux centraux,
que vers la cavité crânienne, de telle sorte qu'au bout de
cinq mois, la tuberculose des gaînes atteignait le foramen.
Il n'existait aucune modification dans les parties intra-crâniennes
du nerf optique. Deutschmann a pu vérifier ces recherches à
l'autopsie d'un enfant mort de méningite tuberculeuse, le 23e
jour après l'apparition des premiers phénomènes de méningite;
en dehors des tubercules de la première date se trouvant aux
parties centrifuges des gaînes des nerfs optiques, il n'y avait

une forte périnévrite avec névrite interstitielle qu'à l'entrée des nerfs optiques dans le globe oculaire. Toutes deux diminuaient au fur et à mesure que l'on se rapprochait du centre, et on ne les distinguait plus à un centimètre en arrière du foramen. Dans ce cas également, comme dans certaines des expériences précédentes, on ne pouvait plus reconnaître une continuité dans l'inflammation. »

Gifford vérifia les résultats de Quincke et de Deutschmann, dans ses recherches sur l'ophtalmie sympathique et les lymphatiques de l'œil : il employa à cet effet du cinabre et des bacilles de fièvre typhoïde.

Toutes ces expériences très intéressantes ne sont pas admises par tous les auteurs et la véritable explication reste encore à être donnée.

3. Troubles oculaires dans les maladies de l'oreille interne.

a). *Surdi-mutité.*
La vision chez les sourds-muets.

> « L'homme doit clore la bouche, fermer les oreilles et les yeux, car augmenter la vie est une calamité. »
> Lau-T'seu. (La voie de la vertu).

Bien pessimiste est cette maxime de ce philosophe du Céleste-Empire et nous croyons, pour notre part, que Alessi (de Guattieri) fut bien inspiré de ne pas la suivre, quand se trouvant en présence d'un enfant aveugle-né et sourd-muet, il l'opéra de sa cataracte congénitale et lui donna l'usage de la vision.

Ces cas sont absolument exceptionnels, mais ce qui nous paraît intéressant à étudier, ce sont les rapports de la surdi-mutité avec la vision, les conditions de la vue chez les sourds-muets et l'influence que ce trouble de la parole et de l'ouïe peut avoir sur l'organe de la vue.

La .surdi-mutité peut être congénitale ou acquise. Dans les deux cas, on peut observer divers troubles du côté des yeux.

1° Ces troubles peuvent dériver de la surdi-mutité, par ce fait que le manque d'exercice de l'ouïe et de la parole, l'inactivité de ces deux sens, provoquant un état intellectuel spécial, retentiront sur la vision, empêcheront la fonction visuelle d'atteindre son complet développement.

2° L'absence congénitale de l'ouïe et de la parole sont quelquefois sous la dépendance de causes qui peuvent elles-mêmes atteindre aussi l'organe visuel. Ainsi, la consanguinité des mariages peut quelquefois être l'origine, d'une part de surdi-mutité, d'autre part d'atrophie optique et de rétinite pigmentaire. On conçoit aussi que des troubles anatomiques développés primitivement dans les centres psycho-sensoriels peuvent produire l'affaiblissement ou l'abolition congénitale de la vue et de l'ouïe. Sichel a décrit des cas semblables et qui s'expliquent par un arrêt de développement des centres cérébraux. Dans le traité de Gruber on trouve cités deux cas d'arrêt unilatéral du développement des organes de l'ouïe et de la vue et plusieurs exemples du même genre sont rapportées dans les traités de tératologie.

Au point de vue psychologique, il y a lieu de différencier le sourd-muet de l'aveugle, si toutefois au point de vue sensoriel il est permis d'établir une comparaison entre la vue et l'ouïe. L'aveugle, non pas celui qui est atteint de cécité congénitale, mais celui qui a une cécité acquise, pourra par une suppléance fonctionnelle physiologique ou physique développer et perfectionner, par exemple, le sens du tact, le sens musical, etc.; tous ceux en somme qui répondent aux besoins de la vie.

Quelle différence avec le sourd et le sourd-muet; chez eux la vision ne subit pas cette suppléance, cette hyperexcitabilité que nous venons de voir. Le sourd lit sur les lèvres, dit-on, c'est vrai, mais cette attention visuelle n'est pas comparable aux données que fournit l'ouïe et le tact aux aveugles. Du reste tout ceci se rattache à la psychologie pure et sort du cadre de notre étude.

Les conditions dans lesquelles s'exerce la vision chez les sourds-muets ont été l'objet de rares études : pour quelques auteurs l'acuité visuelle et l'intelligence des sourds-muets seraient en rapport proportionnel. On a remarqué que, à nombre égal, les troubles de la réfraction seraient moins nombreux chez les sourds-muets que chez les individus dont tous les sens sont normaux ; la myopie serait très rare. Adler signale parmi les maladies oculaires des sourds-muets, la prédominance des affections de nature scrofuleuse : blépharite ciliaire, catarrhe conjonctival, kératites et opacités de la cornée.

Une statistique de Badal donne un contingent plus grand de maladies oculaires chez les sourds-muets. Il a pratiqué l'examen de deux cents sourdes-muettes de l'Institution nationale de Bordeaux : il a observé des lésions banales et vulgaires et d'autres troubles qui, au point de vue étiologique, paraissent avoir quelque lien de parenté avec la surdité. Les troubles de réfraction étaient nombreux. D'autre part il remarqua une fréquence extrême des affections profondes du fond de l'œil, fait qui s'explique par les relations étroites qui unissent l'œil aux centres nerveux. Le point de départ et l'origine de ces troubles simultanés auditifs et oculaires paraît être la fréquence des méningites constatées très souvent dans les antécédents pathologiques des sourds-muets et qui retentissent sur l'appareil visuel. Sur ces 200 malades, 16 présentaient de la névrite ou de l'atrophie des nerfs optiques, 7 de la rétinite pigmentaire. Les premiers avaient eu des convulsions ou des accidents méningitiques dans l'enfance, et consécutivement de la surdité, les seconds n'avaient eu aucune maladie du premier âge et la surdité chez eux datait de la naissance, Badal insiste particulièrement sur cette étiologie différente et sur l'influence de la consanguinité.

Lee, Schäfer signalent également la fréquence de la rétinite pigmentaire et des troubles de réfraction chez les sourds-muets (hypermétropie).

Enfin, on sait d'après les recherches de James que les sourds-muets ne seraient point sujets au vertige de rotation. A ce point de vue, Kreidl a examiné 109 enfants sourds-muets, en recherchant si, soumis à la rotation, ils présentent les mouvements compensateurs de l'œil. Dans la moitié des cas, les mouvements ont fait défaut.

En provoquant le « vertige galvanique » chez les sourds-muets, on a pu considérer que ses caractères étaient beaucoup plus atténués que chez des individus sains. A cet égard, Pollak a fait d'intéressantes expériences. On sait que chez les individus normaux, le courant galvanique dirigé à travers la tête provoque, sans exception, des phénomènes particuliers : vertige, inclinaison de la tête, mouvements des globes oculaires. La fermeture du courant amène une inclinaison brusque de la tête vers l'anode, l'ouverture du courant détermine le mouvement en sens inverse. Pour mieux observer les mouvements des yeux, Pollak a fait porter à ses malades des verres fortement convexes, de manière à supprimer l'accommodation en rendant la vision trop indistincte ; ces verres servaient de loupe à l'observateur. Toujours, le nystagmus a été observé.

Or, chez les 80 sourds-muets examinés par l'auteur, ces phénomènes de « vertige galvanique » ont fait défaut dans 24 cas, 14 autres ne présentèrent que l'un des deux phénomènes typiques, soit mouvements des yeux, soit ceux de la tête. Il y avait donc là une anomalie intéressante à noter.

Les troubles oculaires dans la surdi-mutité sont donc cités assez souvent pour qu'ils méritent d'appeler l'attention, et ils expliquent dans une certaine mesure le défaut de suppléance sensorielle de l'organe de la vue chez quelques sourds-muets.

b.) *Troubles oculaires*
dans le vertige et dans la maladie de Ménière

Il existe, comme cela est démontré, plusieurs sortes de vertiges, reconnaissant des causes différentes : le vertige auriculaire, le vertige stomachal, le vertige oculaire, etc. Nous ne nous occuperons ici que du rôle que peuvent jouer les affections labyrinthiques et oculaires dans l'étiologie du vertige.

Primitivement, tous les vertiges ont été rapportés à des troubles auriculaires et la théorie labyrinthique a régné seule sans conteste pendant longtemps. Les expériences de Flourens, de Cyon, et d'autres auteurs sur les canaux semi-circulaires, les travaux de Ménière sur le vertige, et ce fait clinique que beaucoup de cas de vertige sont accompagnés de bourdonnements d'oreille et de surdité ont fait admettre que, dans la majorité des cas, la cause de ces phénomènes avait son origine dans des lésions des canaux semi-circulaires. Aussi, il n'était pas surprenant de voir Gowers déclarer que sur 10 cas de vertige, 9 au moins dépendaient d'une affection du labyrinthe ou des organes périphériques du nerf auditif, son opinion était basée sur les raisons suivantes : les lésions aiguës du labyrinthe peuvent être accompagnées d'un vertige violent ; les affections labyrinthiques à marche progressive présentent parfois parmi leurs symptômes des troubles vertigineux qui peuvent s'arrêter quand les progrès de l'affection ont produit une surdité complète ; sur 105 cas de vertige, 94 ont été compliqués de troubles auditifs, bourdonnements ou surdité ; beaucoup de malades présentaient une diminution de la perception auditive par voie osseuse ; enfin, comme nous le disions plus haut, les expériences de physiologie ont montré que chez les animaux la lésion des canaux semi-circulaires provoquent des mouvements vertigineux et des troubles de l'équilibre.

Toutes ces raisons semblent rationnelles, cependant on peut faire certaines objections. Tout d'abord il existe des cas de vertiges bénins sans troubles auditifs, et des cas de surdité d'origine osseuse, sans vertiges. Au point de vue physiologique, on a démontré que la destruction ou la lésion des canaux semi-circulaires n'était pas la seule à produire des phénomènes vertigineux, mais qu'on pouvait obtenir le même résultat en détruisant certaines parties du cervelet. Enfin il manque très souvent le contrôle de l'anatomie pathologique et on sait que parmi les dix cas rapportés par Ménière, une seule fois on a constaté une lésion de l'oreille interne.

Aussi la théorie labyrinthique du vertige a été attaquée et on a tenté de donner d'autres explications de ce syndrome.

Woakes a fait intervenir la sclérose de l'artère vertébrale comme cause principale du vertige. Buzzard pense que le vertige accompagné de troubles auditifs est un phénomène bulbaire. D'autres auteurs (Gowers, Stevens, Davidson, Boyer, Mendel) font intervenir l'organe de la vue dans ces troubles de l'équilibre et ont décrit le vertige oculaire, rare, mais réel. Nous citons une observation de Boyer, de soi-disant vertige labyrinthique.

Mendel, de Berlin, consacre une longue et intéressante étude aux rapports du vertige avec l'organe visuel. Il montre l'importance des troubles oculaires dans le vertige ; presque toujours c'est par des phénomènes du côté des yeux que le vertige débute : les malades accusent une diminution de la

vision, ils se plaignent de scotomes, quelquefois de diplopie ;
ils croient voir les objets tourner et ont une tendance à
tomber du côté où ils voient les objets tourner ou, au contraire,
du côté opposé ; d'autres ont la sensation que ces objets se
rapprochent ou s'éloignent. Toutes ces sensations sont accompagnées d'une sorte d'angoisse bientôt suivie de troubles de la
statique, les malades se sentent s'affaisser et ils chancellent.
A ces symptômes s'en ajoutent d'autres secondaires : bourdonnements d'oreille, surdité, vomissements, etc.

Mendel distingue quatre degrés dans le vertige : « le premier,
le plus léger, dans lequel on n'observe que des symptômes
oculaires et un état d'angoisse disparaissant rapidement ; le
second, avec sensation de perte de l'équilibre ; le troisième
s'accompagne d'une perte réelle de l'équilibre, le malade tombe ;
dans le quatrième, on constate, outre ces accidents, les phénomènes secondaires signalés plus haut. »

D'après Mendel, le signe clinique capital du vertige, c'est la
perte de l'équilibre, et l'intégrité de ce dernier est liée à celle
du toucher, de la vision. Et selon lui, « il n'est pas encore démontré que le sens de l'ouïe serve à l'équilibre. De plus, tous les
troubles de la statique ne sont pas symptomatiques du vertige :
l'abolition du sensorium entraîne une perte de l'équilibre qui
n'a rien de commun avec le vertige ; la peur des hauteurs n'est
pas un vertige proprement dit, mais plutôt un processus psychique
qui n'intéresse qu'en second lieu les organes de l'équilibre ;
il en est de même de l'agoraphobie.

Pour qu'il y ait réellement vertige, dit-il, il faut un trouble
de la musculature des yeux. Le vertige est le premier symptôme
qu'accusent les malades atteints d'une paralysie des muscles
oculaires, qu'il s'agisse d'une paralysie périphérique ou nucléaire.
Quelquefois même le vertige peut précéder la paralysie. »

Cet auteur a fait des recherches sur les causes du vertige

oculaire, notamment sur la distribution du sang dans les muscles
de l'œil, et voici ce qu'il a constaté : les noyaux qui président aux
mouvements des muscles oculaires reçoivent du sang qui
provient de l'artère cérébrale postérieure par de fines ramuscules
terminales, dépourvues d'anastomoses ; il résulte de cette disposition que le moindre trouble de la circulation centrale se traduit immédiatement par un apport moindre de sang aux
noyaux des muscles oculaires.

Tout processus pathologique se terminant par le développement d'un foyer dans le cerveau exercera une influence sur la
circulation cérébrale et par conséquent sera accompagné de
vertige, surtout lorsque ce foyer occupe les fosses cérébrales
postérieures. En résumé, d'après Mendel, de Berlin, le vertige
est un ensemble de symptômes déterminé par une altération
du sens de l'équilibre liée au mauvais fonctionnement des
muscles oculaires. Ce fonctionnement peut être lui-même
d'origine périphérique ou centrale. » Citons en terminant la
théorie du vertige labyrinthique, de P. Bonnier et les
recherches extrèmement intéressantes de cet auteur sur les
connexions ampullo-oculo-motrices.

La maladie de Ménière peut s'accompagner de troubles
oculaires intéressants qui s'expliquent, si l'on se rappelle les
causes du complexus symptomatique de Ménière. Il peut
reconnaître en effet comme origine : 1º une affection cérébrale;
2º une affection labyrinthique ; 3º une action irritative provenant de l'oreille moyenne. Or, nous savons que nombre de
maladies de l'oreille moyenne, otites aiguës, chroniques,
otorrhée, avec ou sans complications cérébrales, peuvent déterminer des troubles visuels. Nous ne considérons pas le cas de
Knapp où un vertige de Ménière coexistait avec une irido-
choroïdite syphilitique, comme se rapportant à notre sujet et
comme influence d'un organe sensoriel sur l'autre ; il y avait

là une diathèse, la syphilis, dont les manifestations s'exerçaient simultanément sur deux organes distincts.

On a signalé comme assez fréquents au cours de l'accès ou après, divers phénomènes oculaires, et en particulier l'hémiopie avec diminution du champ visuel, dans le sens horizontal, la vision de mouches volantes, la mydriase bilatérale. L'explication de ces faits n'a pas été donnée : on peut supposer que les vaisseaux rétiniens, sous une influence nerveuse à laquelle doit nécessairement participer le sympathique, peuvent s'ischémier de la même manière qu'il arrive probablement dans les vaisseaux artériels de l'encéphale.

Quelques malades peuvent présenter pendant la durée de l'accès un nystagmus oscillatoire qui disparaît à la cessation de l'accès.

Thomas Pooley rapporte un cas de maladie de Ménière accompagné de névrite optique, mais le fait ne nous paraît pas probant, car le mal de Bright semble être en cause et les deux troubles oculaire et auriculaire relèveraient alors d'une même origine.

Enfin nous insisterons sur le fait suivant, à savoir que l'examen de l'œil peut servir pour faire un diagnostic différentiel du syndrome de Ménière d'avec une lésion cérébelleuse. Nous avons vu la fréquence des troubles oculaires au cours du vertige et en particulier du vertige de Ménière ; quelquefois par leurs caractères particuliers joints à certains symptômes spéciaux, ils acquièrent une importance capitale, par exemple pour le diagnostic de lésions du cervelet. Il y a grandes présomptions pour une affection de cet organe quand, à une démarche spéciale, à des vomissements incessants, à une vive douleur occipitale, à un vertige permanent, se joignent des symptômes oculaires tels que le strabisme, le nystagmus et l'amblyopie avec névrite optique.

CHAPITRE V

Importance de l'examen de l'œil dans les maladies de l'oreille

Cet examen comprend les signes fournis : 1º par l'aspect extérieur de l'œil; 2º par l'examen ophtalmoscopique.

1º Extérieurement, l'œil peut présenter un grand nombre de signes qui doivent attirer l'attention du côté du cerveau et qui, dans le cas de maladie de l'oreille concomitante, indiquent la relation morbide qui existe entre les deux organes. Ainsi, l'inégalité pupillaire, l'exorbitis, le ptosis, les paralysies des muscles du globe, etc., pourront faire songer à une phlébite ou à une thrombose des sinus, à une méningite, à un abcès du cerveau consécutifs à une suppuration otique.

L'examen de la fonction visuelle, l'hémianopsie seront, dans les cas d'otite moyenne compliquée, d'un grand secours pour le diagnostic de la nature et du siège de la complication. L'hémianopsie, en particulier, qui est due à l'interruption des fibres blanches qui vont du corps genouillé externe à la face interne du lobe occipital, indiquera le siège de l'abcès à la partie postérieure du lobe sphénoïdal.

Le nystagmus est un symptôme assez fréquent dans toutes les affections des différents segments de l'organe auditif (lavages du conduit, otite moyenne compliquée ou non, otite interne).

Le blépharospasme s'observe quelquefois, en particulier dans les maladies du conduit.

Enfin la kératite, l'irido-choroïdite, et d'autres troubles trophiques, indiquent une lésion profonde du trijumeau qui se traduit également par des troubles auriculaires.

2° L'examen ophtalmoscopique n'est pas moins important. Nous ferons observer qu'à l'aide de cet examen, l'œil peut être exploré dans sa totalité et directement, d'une manière beaucoup plus aisée que l'oreille interne, par exemple, qui, enveloppée dans une coque osseuse, inaccessible à l'examen direct, ne peut être étudiée que grâce à des procédés indirects, moins précis que les précédents.

L'importance de cet examen a déjà été bien mise en relief par Calmettes, en 1882. Nous rapportons ses conclusions qui sont encore très exactes. « Dans les cas de surdité nerveuse, dit-il, forme si fréquente chez les jeunes femmes, et dans laquelle prédominent les bourdonnements, avec perte de la perception osseuse et état négatif de l'appareil de transmission, il est très important de savoir à quelle cause immédiate est dû le trouble fonctionnel, et l'état de la rétine nous indiquera celui du limaçon, surtout au point de vue de la circulation. Il en est de même pour les surdités brusques d'origine syphilitique, où il se fait rapidement un exsudat dans l'oreille interne, et pour les traumatismes cérébraux suivis de surdité, etc. Quand les troubles observés n'ont pas leur cause dans l'oreille moyenne et externe, il est souvent bien difficile de déterminer si la lésion siège dans l'oreille interne, le nerf ou les centres auditifs. Or, l'examen ophtalmoscopique permettant de constater certaines lésions encéphaliques, on pourra souvent déterminer si la cause de ces troubles est centrale, périphérique ou mixte.. Dans les affections de la caisse, il faut encore pratiquer l'examen ophtalmoscopique, à quelque période que l'on se trouve, car même en l'absence de tous symptômes, il peut s'être déjà fait une propagation aux centres nerveux. Cela est vrai pour l'otite moyenne suppurée, aiguë ou chronique.

En nous révélant la méningite ou les thromboses, dès leur apparition, l'ophtalmoscope nous permet encore de poser les indications de la trépanation. Les lésions du fond de l'œil augmentant ou diminuant avec celles des méningites, la marche des lésions méningées se révèlera par celle des lésions rétiniennes, et c'est encore par l'état de la rétine que nous pourrions juger de l'amélioration des lésions encéphaliques due à la trépanation.

Quand l'inflammation de la caisse se propage aux méninges, les lésions ophtalmoscopiques apparaissent d'abord dans l'œil correspondant, mais elles occupent cependant les deux yeux et sont quelquefois plus marquées dans l'œil opposé. De même, après la trépanation, c'est sur l'œil correspondant que l'amélioration commence à se produire. »

On comprend l'importance de cet examen quand, au cours d'une otorrhée, par exemple, viennent se greffer certains accidents : céphalée légère, nausées. Ici, comme pour d'autres organes, l'opération exploratrice n'est pas de mise et l'aspect du fond de l'œil est un élément sérieux de diagnostic.

Il faut savoir que, malheureusement, cet examen n'est pas toujours positif, sinon le problème serait singulièrement simplifié, la solution serait résolue. Il est des complications intra-crâniennes des otites qui ne se révèlent par aucun signe ophtalmoscopique (ni œdème papillaire, ni atrophie, ni hémorrhagies ou exsudats); et dans certains cas, on a vu des issues mortelles, malgré un examen ophtalmoscopique négatif (Szenes).

Toutefois cette application de l'ophtalmoscope au diagnostic des maladies du cerveau consécutives à une affection de l'oreille est un excellent moyen de dissiper l'incertitude quand elle existe, et nous croyons que toutes les fois qu'on constate l'existence d'un œdème de la papille chez un otor- rhéique, on doit trouver dans ce fait une indication d'inter- venir chirurgicalement.

CHAPITRE VI

Influences physiologiques et pathologiques
de l'œil sur l'oreille

Nous venons de consacrer une longue étude aux rapports
étroits qui existent entre l'oreille et l'œil : beaucoup moins
nombreux sont les cas inverses où l'œil réagit sur l'oreille.

Dans tous ces cas, il s'agit de phénomènes réflexes et nous
nous bornerons à citer rapidement ceux que nous avons pu
rencontrer et vu signalés. Dans presque toutes les observations, il s'agit de phénomènes plutôt physiologiques, presque toujours empruntant la voie du trijumeau.

C'est ainsi qu'on a décrit des cas de surdité passagère produite par une excitation de la rétine, et d'Arsonval a pu observer ce curieux phénomène sur lui-même. Ayant regardé pendant
quelques instants un arc voltaïque incandescent, il devint sourd
pendant une heure environ. Il renouvela l'expérience et toujours se produisit le même phénomène, que l'excitation lumineuse
portât sur un seul œil ou sur les deux. L'expérience n'est
pas d'une innocuité absolue, car une fois la surdité persista
pendant près de 17 jours. D'Arsonval a remarqué que la nature
de la lumière a une grande importance ; le phénomène ne peut
être produit qu'avec un arc voltaïque, d'une lumière très
intense et engendrée par un courant très fort. Le trouble auri-

culaire s'accompagnerait parfois de céphalée, de pesanteur de tête, et se rencontre assez souvent chez les électriciens.

Nous avons longuement étudié l'audition colorée, c'est-à-dire la propriété que possèdent certains sujets de percevoir une sensation de couleur lorsque l'ouïe est impressionnée. Le phénomène inverse, c'est-à-dire celui qui consiste à éprouver une sensation auditive lorsque l'œil est frappé par une couleur vive, est beaucoup plus rare. Il est exceptionnel qu'une sensation optique éveille une sensation auditive. Cependant Bleuler et Lehmann ont rapporté l'observation d'un homme chez lequel la vue d'une flamme de bougie brûlant tranquillement donnait l'impression des lettres *w* et *v* ; si la flamme n'oscillait pas, elle amenait la sensation de la voyelle *i*. Le fait est intéressant, s'il n'est pas fantaisiste ; nous le citons simplement.

Quelques cas montrent encore l'association fonctionnelle de ces deux organes des sens ; ainsi le tintement qu'on entend parfois lorsqu'on ferme les paupières ; un malade présentait par accès dans l'oreille un bruissement coïncidant avec du blépharospasme, ce bruissement disparut lorsque cessa le spasme de la paupière (Gottstein). Enfin Habermann a pu faire disparaître par la ténotomie du muscle de l'étrier, un bruit sourd, grondant, qui survenait quatre ou cinq fois à chaque occlusion des paupières.

Il y a encore d'autres faits curieux à signaler qui montrent bien la relation qui existe entre l'œil et l'oreille. Javal a observé, comme on le sait, des cas où l'iridectomie pour glaucome a pu faire disparaître une névralgie sus-ciliaire, une odontalgie, etc. Il n'est donc pas surprenant que l'on ait relaté des faits où le glaucome coexistait avec des troubles auditifs, les avait même déterminé et où l'iridectomie amena la guérison de tous les troubles sensoriels (Davidsohn, Dransart).

Rampoldi a rapporté quelques observations analogues.

En 1888, Rampoldi a observé un malade atteint d'une notable diminution de l'acuité visuelle de l'œil droit. Il présentait une atrophie de la papille avec excavation. Le champ visuel était très rétréci et diminué. La vue était telle que le malade pouvait lire seulement les caractères n° 3 de l'échelle de de Wecker, à l'aide de + 4 D. à une distance de 0m30. Quant à la vision de loin, elle était un peu améliorée par une lentille convexe de 0m75. La tension du globe oculaire était augmentée. A droite, l'ouïe était fortement diminuée. Après iridectomie, la vue s'améliora considérablement et l'acuité auditive fut augmentée au dire du malade et de son entourage. Pour entendre, le malade n'avait plus besoin de placer la main au pavillon de l'oreille droite afin de mieux recueillir les ondes sonores.

Les autres cas cités par l'auteur sont identiques, mais tous ces faits sont mal observés au point de vue otologique, les auditions n'ont pas été prises avant et après l'opération, un examen méthodique de l'oreille a été négligé, et on ne possède comme garantie scientifique que les dires du malade; or, c'est l'élément le plus trompeur qui soit, bien souvent.

CHAPITRE VII

Pathogénie

Nous serons très bref sur ce point, nous proposant, en raison de son importance, d'y revenir dans un travail ultérieur et l'ayant suffisamment esquissé à propos de chaque trouble oculaire compliquant une affection de l'oreille, en particulier pour le nystagmus et la névrite optique.

D'une manière générale, on peut dire que l'oreille peut retentir sur l'œil, suivant trois modalités différentes :

   a) par propagation indirecte,

   b) par la voie nerveuse,

   c) par la voie sanguine.

1° Par propagation indirecte. En raison des connexions des cavités de l'oreille avec la cavité crânienne, beaucoup d'affections de l'une peuvent se propager à la seconde, au moyen des nombreux orifices ou canaux qui les font communiquer. Le pus d'une otite moyenne peut en effet, pour atteindre les méninges et le cerveau, suivre la voie du canal carotidien, de l'aqueduc de Fallope, ou se frayer un passage à travers les déhiscences spontanées qui existent quelquefois sur le toit de la caisse, les sutures ou fissures du temporal, ou suivre la route tracée par une carie du rocher, etc. Arrivé au niveau des méninges, il y provoque soit une inflammation de celles-ci, soit un abcès du cerveau ou une thrombose des sinus. Et nous avons vu comment tous ces accidents retentissent sur l'organe de la vision, soit par l'augmentation de la pression intra-crânienne, soit par la compression de certains nerfs, soit par la destruction de certains territoires cérébraux (hémianopsie, par exemple).

2° Très souvent l'oreille réagit sur l'œil par la voie nerveuse (blépharospasme, nystagmus, etc.). Ce peut être : *a*) par la périphérie (excitations du conduit déterminant du spasme palpébral) ; le trouble oculaire, dans ces cas, est dû à l'anastomose qui existe entre le facial et le trijumeau et il est d'ordre réflexe ; *b*) sous l'influence de l'excitation des centres nerveux. Quelquefois il s'agit de caries du rocher, ayant atteint le ganglion de Gasser et déterminant par là même la série des troubles oculaires trophiques que nous avons décrits précédemment. Disons que dans beaucoup de cas, on se trouve en présence de phénomènes réflexes.

3° Enfin, nous croyons que parfois on peut invoquer, pour expliquer ces accidents oto-oculaires, le transport par la voie sanguine de germes infectieux qui vont à distance déterminer des lésions sur un point ou un organe prédisposé et présentant des conditions favorables au développement d'une infection, (iritis et irido-choroïdites, par exemple, dans des suppurations de l'oreille moyenne). Les troubles oculaires dans les maladies générales sont bien connus et s'expliquent en raison de la diffusion des éléments infectieux sur tout l'organisme (diphtérie, blennorrhagie, érysipèle, tuberculose, etc.) Mais on a signalé des lésions ophtalmiques compliquant des affections simplement locales (métrites, maladies du foie, et surtout maladies du nez et des cavités adjacentes, affections dentaires.) Il est donc logique d'admettre la même interprétation pathogénique pour l'oreille et l'œil, deux organes très voisins et présentant entre eux tant de connexions vasculo-nerveuses.

Comme dans toutes les infections, il faut faire intervenir ici l'influence de l'état général et du terrain sur lequel se greffent les accidents.

OBSERVATIONS

Nous les avons divisées en deux groupes :

a). Celles qui se rapportent à l'influence d'une maladie de l'oreille sur l'œil.

b). Celles dans lesquelles on observe la réaction inverse.

OBSERVATION I
(personnelle)

Otite moyenne aiguë purulente compliquée de troubles oculaires avec mastoïdite. Trépanation. Guérison.

F... âgé de 45 ans, demeurant à Maisons-Alfort, entre le 15 septembre 1895, à l'hôpital Saint-Antoine, salle Bichat, service du docteur Tapret, pour des douleurs violentes de l'oreille droite.

Aucun trouble auriculaire antérieur. Jamais de maladie générale.

Il y a 8 jours, coryza aigu, avec apparition de douleurs dans l'oreille droite, au bout de quelques jours. Elancements aigus et continuels et diminution de l'ouïe de ce côté.

Le 16 septembre. — Mauvais état général. Tm. = 38°5. Oreille gauche saine. Oreille droite : ne présente rien de particulier à l'extérieur. Le tympan est rouge et bombé. M. air = 0 au contact. Nous pratiquons la paracentèse, il s'échappe une assez grande quantité de pus qu'une douche de Politzer contribue à évacuer. Lavages antiseptiques de l'oreille pendant toute la journée avec sublimé de 1/2000.

Le 17. — Le malade a beaucoup moins souffert. Les douleurs d'oreille et les névralgies de la moitié droite de la tête ont diminué. La perforation de la membrane tend à se refermer : j'applique une goutte de perchlorure de fer sur les lèvres de l'orifice.

Le soir, le malade se plaint davantage ; quelques bourdonnements. En outre il a remarqué que pendant la journée, la vue de l'œil droit, correspondant à l'oreille malade, avait baissé. En fermant l'œil gauche, sain, les objets paraissaient vagues et confus. Antérieurement il n'y a eu aucune affection oculaire.

Le 18. — Douleurs plus fortes. Tm. = 38°. Perforation fermée. La vision de l'œil droit est plus faible, le malade distingue mal les objets, et ne peut lire les caractères ordinaires d'un journal, seuls les titres et les grandes lettres sont vus de très près, et encore d'une manière confuse. L'examen extérieur de l'œil ne révèle rien de particulier. Pas de parésie des muscles oculaires, pas de modifications de la pupille, les réflexes sont conservés. L'examen ophtalmoscopique montre un fond d'œil normal ; la papille et les vaisseaux n'ont rien de spécial. Même image ophtalmoscopique qu'à gauche.

Nouvelle et large perforation du tympan.

Dans l'après-midi, soulagement marqué. Le malade attire l'attention sur ce fait, qu'il y voit de l'œil droit aussi bien que de l'autre, la vision est très nette et les caractères d'un journal sont vus très distinctement. L'examen ophtalmoscopique n'a pas été pratiqué.

Le 19. — Le soir, réapparition des phénomènes douloureux: la région mastoïdienne est sensible à la pression. Le Politzer passe avec un sifflement aigu. Vision de l'œil droit très diminuée. Pas de modifications pupillaires, ni de photophobie.

Le 20. — Nouvelle paracentèse de la membrane. Un peu d'œdème, de rougeur et de gonflement de l'apophyse. Au point de vue oculaire, le malade distinguait difficilement les objets, il voit cependant et reconnaît les doigts à une faible distance; les petits caractères imprimés ne sont pas perçus. Examen ophtalmoscopique négatif.

Le soir, un peu d'amélioration. Glace sur la mastoïde. Fait remarquable, le malade voit mieux que le matin : il peut lire très nettement. Le défaut d'installation, le manque d'échelles visuelles ne nous permet pas d'apprécier autrement son acuité.

Le 21. — Œdème et très vive rougeur de la mastoïde. Le gonflement se prolonge au-delà de la pointe de l'apophyse et occupe toute la région. Tm. $= 38°8$. Douleur assez notable. Mauvais état général.

La perforation tympanique est béante, peu de pus, la paroi postéro-supérieure du conduit est abaissée.

Le soir la vue a de nouveau diminué. L'examen du fond de l'œil ne montre toujours aucun signe de névro-rétinite : la papille et les vaisseaux sont absolument normaux.

En présence de tous ces symptômes d'otite compliquée évidemment de mastoïdite, avec ces troubles alternants du côté de l'œil, et avec ce mauvais état général, il est rationnel de pratiquer l'ouverture de l'apophyse.

Le 22. — Nous faisons la trépanation au siège d'élection. Ouverture de l'antre. Peu de pus dans les cellules mastoïdiennes ; quelques fongosités.

Le soir. — $37°5$.

Le 23. — Tm. $= 37°2$. Aucune douleur. La vision est redevenue très nette et le malade y voit aussi bien des deux yeux, jusqu'aux plus fins caractères imprimés.

Le 24. — L'amélioration continue.

Nous n'insistons pas sur les suites opératoires, qui ne nous intéressent pas au point de vue oculaire.

Au bout de cinq semaines, le malade quitta l'hôpital, guéri, sans fistule. Il n'avait présenté depuis l'opération aucun trouble visuel.

Nous avons pu le revoir à l'hôpital Saint-Louis, en octobre 1896. L'audition est excellente et la vue normale des deux côtés.

En somme, dans ce cas, nous nous sommes trouvés en face d'une asthénopie compliquant l'affection de l'oreille, et ce qui est intéressant est la liaison absolument intime qui reliait les deux ordres d'accidents.

OBSERVATION II

(personnelle)

Nystagmus d'origine auriculaire.

E..., 20 ans, ébéniste, se présente à la consultation laryngologique de l'hôpital Saint-Antoine, pour des bourdonnements de l'oreille droite et une surdité ayant débuté brusquement il y a 8 jours.

L'examen montre un bouchon de cérumen qui obstrue le conduit.

On procède à son extraction, et pendant le lavage le malade accuse une sensation de vertige ; en le regardant on voit que ses yeux sont agités de mouvements de nystagmus horizontal qui cessent au bout d'une minute à peine, le vertige disparaît. On continue le lavage et le même phénomène se reproduit, cette fois le corps cérumineux était sorti.

Le malade est gardé pendant quelques minutes, mais il n'éprouve plus aucun trouble vertigineux ; il n'a eu ni nausées ni vomissements. Les yeux étaient redevenus normaux et le malade ne se souvenait pas d'avoir jamais ressenti le même accident.

Il paraissait donc bien y avoir corrélation directe entre les deux ordres de troubles.

OBSERVATION III

Blépharospasme d'origine auriculaire. — BUZZARD (*British medical journal*, mai 1878).

Observation intéressante, en raison de sa rareté. Un homme de 50 ans présentait un spasme des paupières qui les fermait à peu près toutes les secondes, au début de l'affection ; ce spasme augmentait lorsque le malade parlait ou mangeait. L'état général ne présentait rien de particulier. Après avoir essayé de comprimer différents points, Buzzard trouva que la pression sur le tragus de chaque côté de l'oreille, arrêtait le spasme. Il n'y avait pas de surdité appréciable, mais une légère diminution de l'acuité auditive.

L'examen de l'oreille fit découvrir un peu de cérumen qui fut enlevé ; puis on fit des applications de courant continu, le spasme cessa pendant le passage du courant ; il diminua au fur et à mesure que l'on fit de nouvelles applications du courant.

OBSERVATION IV

Blépharospasme consécutif à une injection faite dans l'oreille. — ZIEM (*Deutsche medicinische Wochenschrift*, n° 49, 1885).

R..., jardinier, 16 ans, vient consulter en mai 1883, à Hambourg, pour une otorrhée gauche qui a débuté dans l'enfance et qui maintenant, après un temps d'arrêt assez long, a reparu dans ces dernières semaines. Fistule mastoïdienne, spontanée, ayant donné lieu à un écoulement de pus, mais tarie depuis plusieurs années. L'examen montre, dans la profondeur du conduit auditif, la présence d'un tampon d'ouate imbibé de pus, que j'enlevai avec une injection ; au dire du malade ce tampon était resté dans l'oreille depuis plusieurs semaines et avait donné lieu à une recrudescence de la suppuration. Le tympan avait totalement disparu. Pour enlever le pus, la caisse fut lavée avec une injection et une seringue ordinaires, et sans avoir exercé une pression trop forte il se produisit tout à coup des secousses cloniques dans l'orbiculaire gauche allant jusqu'à l'occlusion complète de la fente palpébrale. On ne pouvait pas se rendre compte, malgré un examen attentif, de la participation des autres branches du facial, en particulier des nerfs moteurs du pavillon. Pas de phénomènes de vertiges. La contraction palpébrale se répéta à chaque injection dans la caisse, de telle sorte que le malade et sa mère s'inquiétèrent beaucoup de ce phénomène qui jusque-là ne s'était pas produit.

Bien que j'aie beaucoup insisté pour soigner sérieusement le malade, je ne pus examiner à nouveau l'oreille, le malade fut perdu de vue.

Communication intéressante, quoique défectueuse, car il manque l'examen consécutif.

OBSERVATION V

Nystagmus symptomatique d'une affection auriculaire. —
SCHWABACH (*Deutsche Zeitschrift für praktische Medicin*, 1878, n° 11)

A. W..., 21 ans, otorrhée gauche depuis son enfance, n'a jamais consulté. Il y a dix jours, violentes douleurs dans l'oreille malade, améliorées par des compresses chaudes, l'otorrhée a augmenté, elle est très abondante.

Le 18 octobre 1877, l'acuité auditive est très diminuée, la montre n'est pas entendue au contact, ni par la voie osseuse ; la voix chuchotée et la voix forte parlée près de l'oreille ne sont pas perçues. La pression sur la mastoïde est douloureuse, la peau est légèrement œdématiée, ainsi que les parois du conduit auditif ; il existe des granulations sur la partie postéro-supérieure de ce conduit. Après les avoir enlevées avec le serre-nœud de Wilde et après les avoir touchées au nitrate d'argent, la suppuration diminua, en même temps on pratiquait des injections d'acide phénique faible. Le gonflement du conduit diminua de telle sorte qu'on put voir sa partie profonde : il ne restait plus que la partie supérieure du tympan, sous forme d'un bord mince, épaissi, injecté. Disparition des osselets. La muqueuse de la caisse était gonflée et congestionnée, on fit une instillation de sulfate de cuivre phéniqué : l'écoulement diminua, les douleurs disparurent, on ne revit pas le malade pendant quatorze jours.

Il revint le 22 novembre. Depuis quelques jours l'écoulement a reparu et le gonflement rétro-auriculaire est plus marqué. En outre il souffre d'un violent vertige qui augmente chaque fois qu'il presse sur l'oreille malade et qui s'accompagne de mouvements des yeux qu'il n'a jamais eu autrefois. Ces vertiges ont été si forts que le malade ne peut se tenir debout et qu'il a une tendance à tomber à gauche. Ces phénomènes sont maintenant moins intenses, mais ces mouvements particuliers des yeux se reproduisent de la même manière quand on presse sur l'oreille.

A l'examen : gonflement œdémateux très marqué dans la région supra et rétro-auriculaire. Une pression exercée sur ces points fait sourdre une grande quantité de pus épais par le conduit auditif, mais il n'existe pas de douleurs. Au moment même où l'on presse sur l'apophyse mastoïde au niveau de la paroi supérieure du conduit auditif, et de même en pressant sur le point qui correspond à la conque, on constate des mouvements oscillatoires très nets des deux yeux ; ils se font dans une direction horizontale, un peu en bas vers la gauche, c'est-à-dire du côté malade. Ces mouvements disparaissent dès que cesse la pression. Ils sont plus légers quand on fait une injection dans l'oreille avec la seringue de Lucœ. Avec ce nystagmus se produisent des vertiges qui disparaissent également quand on cesse la compression. Les pupilles ne présentent aucune modification. La tête n'est pas tournée vers le côté malade. Si l'on exerce la pression sur les points correspondants de l'oreille qui est saine, on n'obtient aucun mouvement. L'examen du conduit montre que celui-ci est fortement gonflé vers sa paroi postéro-supérieure.

Par une pression répétée sur la région mastoïdienne, il s'écoule encore du pus en grande abondance, en même temps le gonflement de la paroi postéro-supérieure du conduit diminue, de telle sorte qu'on peut revoir, comme dans le premier examen, les granulations qui en remplissent le fond. Après les avoir de nouveau enlevées et cautérisées, le gonflement et l'écoulement diminuèrent de nouveau. En même temps disparurent les vertiges et au bout de cinq à six jours, on ne voyait plus de nystagmus ; celui-ci avait diminué parallèlement au gonflement et à l'écoulement. L'examen de l'acuité auditive montre que le malade n'entend pas la montre, mais perçoit la parole chuchotée.

Le malade ne revient que le 14 décembre avec les mêmes symptômes, même nystagmus. Amélioration très notable en février : le malade s'était mieux soigné. Plus de troubles visuels : suppuration insignifiante, la muqueuse de la caisse est un peu gonflée, la rougeur et l'épaississement du reste du tympan ont diminué, on peut reconnaître la courte apophyse du marteau. L'acuité auditive est améliorée, la montre est entendue près de l'oreille, et la voix parlée à 0m15. Avec la sonde on ne retrouve aucun point de carie.

Observation VI

Nystagmus consécutif à une affection auriculaire — Pflüger
(*Deutsche Zeitschrift für praktische-Medicin*, 1878)

B...., âgée de 65 ans, est atteinte d'une otorrhée gauche à laquelle elle n'attachait pas grande importance parce qu'elle éprouvait peu de douleurs, l'écoulement se tarissait de temps en temps. L'acuité auditive de l'oreille droite, qui était saine, lui avait suffi pour la vie habituelle. Dans ces derniers temps, vertiges violents avec lipothymies qui, pendant quelques jours, s'opposèrent à tout mouvement. Céphalalgie.

A l'examen : écoulement purulent léger, pourtour de l'oreille et de l'apophyse mastoïde indolores à la pression, pas de rougeur ni de gonflement. Conduit enflammé; à sa partie supérieure est appendu un polype dans le voisinage du tympan qui le recouvre presque complètement, sauf sa partie inférieure. Pas de douleurs à l'examen, mais en touchant le polype avec une sonde, le vertige augmente. Cet état s'aggrava quand je saisis le polype avec l'anse de Wilde et au moment où je tirai l'anse, la malade tomba de sa chaise en avant et à gauche, autant que je me le rappelle. En même temps apparut un nystagmus horizontal très rapide des deux yeux. Ces phénomènes se renouvelèrent plusieurs fois. L'introduction de la pince de Politzer avec ses branches en cuiller et le grattage avec celles-ci du pédicule du polype produisit les mêmes phénomènes.

Il me fut impossible de dire si les pupilles présentèrent quelque signe particulier et s'il y eut des contractions des autres muscles oculaires, parce qu'il n'y avait pas d'autre observateur pendant que j'opérais, mais la tendance à tomber et le nystagmus horizontal se produisirent constamment chaque fois que je tirais sur les granulations avec l'anse ; j'ai pu très nettement constater ces deux symptômes.

Le tympan montra une perforation dans sa partie postérosupérieure et je pus voir que le polype provenait en partie de la caisse, peut-être au début provenait-il du toit. Avec l'ablation complète des polypes et la disparition de la suppuration disparurent tous les autres troubles subjectifs.

Observation VII

Nystagmus d'origine auriculaire. — Bürkner (*Archiv für Ohrenheilkunde,* 1881, Bd. 17, p. 185)

Jeune fille de 20 ans, qui présente du nystagmus quand on introduit dans l'oreille le spéculum, quand on fait une injection dans le conduit auditif, ou quand elle écoute attentivement. Elle ignorait qu'elle avait du nystagmus.

L'examen des yeux et l'examen ophtalmoscopique ne révélèrent rien de particulier.

Observation VIII

Nystagmus passager, bilatéral, consécutif à une otorrhée. — J. Kipp (de New-York). (Communication à la Société d'otologie américaine, tenue à New-London, 17 juillet 1888).

Jeune homme de 21 ans, qui a eu une otorrhée sept à huit ans auparavant. Trois mois avant d'être traité, il a eu un accès

aigu et a souffert de violentes douleurs dans l'oreille et dans
la tête. L'écoulement a diminué. Depuis deux ou trois semaines
il voit tous les objets en double, il a des vertiges et ne peut
marcher. Le nystagmus est très marqué dans la position horizontale. Le vertige et le nystagmus durèrent quatre jours.
Après la disparition de ce dernier, le vertige cessa.

OBSERVATION IX

Nystagmus passager, consécutif à une otorrhée. — J. KIPP (de New-York)
     (Communication à la Société américaine, tenue à New-London, 17
     juillet 1888).

Un jeune homme qui, il y a 6 ans, avait été traité avec
succès pour une otite moyenne purulente, a une rechute et
souffre de l'oreille. Paracentèse du tympan, mais en dépit du
traitement, l'otorrhée et la douleur continuèrent. A la fin, un
gonflement se forma sur l'apophyse mastoïde, accompagné de
plusieurs accès épileptiformes. Un jour, en comprimant la
tumeur, on fit sourdre du pus par le conduit auditif, en même
temps il se produisit une douleur lancinante dans la tête et
du nystagmus. Ce dernier persista pendant dix minutes et se
reproduisit à chaque pression exercée sur l'apophyse mastoïde.
On ouvrit la mastoïde, le pus fut évacué et depuis l'état du
malade s'améliora.

OBSERVATION X

Nystagmus consécutif à une otorrhée. — J. KIPP, de New-York (Commu-
     munication à la Société d'otologic américaine, tenue à New-London,
     17 juillet 1888).

Jeune homme, a eu une otorrhée accompagnée de vives douleurs. Le traitement n'a pas réussi à améliorer son état et n'a
été continué que pendant trois semaines. Un gonflement se produisit derrière l'oreille, une incision fut faite qui laissa s'écouler
beaucoup de pus. Soulagement notable. Quelques jours après,
une injection fut pratiquée avec force par la plaie et le liquide
s'écoula par l'oreille. En même le malade éprouvait une vive
douleur lancinante dans la tête et présenta un nystagmus qui
dura quelques minutes. Les injections produisirent toujours le
même phénomène quand elles étaient pratiquées avec force.

Observation XI

Nystagmus réflexe d'origine auriculaire. — Urbantschitsch
(*Wiener klinische Wochenschrift*, 1896)

Il s'agit d'un homme qui avait des polypes dans la caisse
et chez lequel un des polypes siégeait sur la paroi interne de
la caisse et s'étendait à l'entrée de l'oreille. Chaque pression
que l'on exerçait rapidement sur le polype, par exemple le
lavage de l'oreille, amenait pendant quelques secondes un
mouvement oscillatoire des deux yeux, et ainsi à chaque lavage.
Si, par contre, on exerçait une faible mais constante pression
sur l'extrémité du polype, il se produisait immédiatement après,
une luxation lente des deux globes oculaires vers l'oreille
droite du malade. Cette force de luxation dépendait de l'intensité de pression exercée sur la tête du polype, mais n'était
pas toujours égale chaque jour. Arrivés au maximum de cette
luxation, les deux globes oculaires s'arrêtaient un moment,
puis revenaient brusquement par un mouvement rapide dans
une position moyenne, pour recommencer de nouveau et presque aussitôt le mouvement qui s'était déjà fait vers la droite.
Chacun de ces mouvements se reproduisait chaque fois que
l'on pressait sur le polype.

Par contre, dans une pression rapide, de choc, exercée sur
le polype, il se produisait un nystagmus plus rapide, d'une
durée de quelques secondes.

En enlevant le polype, ces phénomènes rétrocédèrent, de
telle sorte que ni une pression rapide, ni une pression constante exercée à la base d'implantation des polypes sur la paroi
labyrinthique, n'amenaient du nystagmus.

Le malade déclarait, en outre, ne plus éprouver de vertige.

Observation XII

Strabisme réflexe d'origine otique.
Urbantschitsch (*Wiener klinische Wochenschrift*, 2 janvier 1896).

Un garçon de 6 ans me fut amené pour une inflammation
de la caisse. Il avait eu, dans sa quatrième année, au cours
d'une otite moyenne purulente, un strabisme convergent dans

l'œil homonyme à l'affection auriculaire, strabisme très net deux ans après, quand j'ai vu l'enfant pour la première fois.

Pendant le traitement de l'enfant, je remarquai des modifications notables dans l'intensité du strabisme, à chaque aggravation de l'inflammation de la caisse le strabisme augmentait, pour diminuer avec l'amélioration de l'affection auriculaire ; si bien que je pouvais déduire du degré de luxation de l'œil une conclusion concernant l'état actuel de l'inflammation de l'oreille. Pendant les fortes douleurs auriculaires dont l'enfant souffrait particulièrement le soir, le strabisme augmentait notablement et diminuait de nouveau avec l'atténuation des douleurs.

Avec la guérison de l'oreille, le strabisme s'améliora, mais ne disparut pas complètement.

OBSERVATION XIII

Strabisme réflexe d'origine otique.
URBANTSCHITSCH (*Wiener klinische Wochenschrift*, 2 janvier 1896).

Une femme, au cours d'une otite moyenne aiguë purulente, fut atteinte d'un léger strabisme divergent de l'œil du même côté. L'examen de l'oreille montra un polype inséré sur la paroi interne de la caisse ; au moment où j'enlevai ce polype avec l'anse froide, le strabisme augmenta considérablement d'intensité.

Je vis la malade après qu'elle fut guérie complètement de son otite, quelques mois après, à plusieurs reprises, et je pus constater que l'augmentation du strabisme produit au moment de l'extirpation du polype, persistait toujours au même degré.

OBSERVATION XIV

Un cas d'amélioration de l'acuité visuelle par le traitement de l'affection auriculaire. — KISSELBACH (*Klinische Monatsblätter für Augenheilkunde*, 1893).

K..., âgée de 62 ans, très myope de l'œil droit et amblyope (iritis guérie avec synéchies antérieures) ; œil gauche atteint de glaucome, pour lequel on fit l'iridectomie.

Le 8 décembre 1892, la malade se plaint d'entendre difficilement, elle racontait qu'elle avait déjà antérieurement souffert de surdité, mais elle remarquait que cette fois-ci elle entendait plus mal qu'autrefois. A droite existait une perforation du tympan, à gauche un enfoncement moyen de la membrane. La montre n'était pas entendue à droite, à gauche elle était perçue à une distance de 4 centimètres. Avec le Politzer, la trompe droite est normalement perméable, on entend un bruit de perforation. A travers la trompe gauche, quand la tête se tient droite, il ne pénètre pas d'air, mais si la tête est penchée en avant, à droite et en bas, on entend un vif bruit de claquement. Par le cathétérisme, à gauche, on entend quelques râles muqueux, en même temps il se fait une amélioration marquée de l'acuité visuelle de l'œil gauche. L'amélioration de l'acuité visuelle fut encore plus marquée les jours suivants.

OBSERVATION XV

Corps étranger de la caisse du tympan. Importance de l'examen ophtalmoscopique. — Zaufal (Communication à la Société des médecins allemands de Prague, le 29 novembre 1889 ; compte rendu de la séance dans la *Prager med. Wochenschrift*, n° 50, 1879. Mémoire in *Annales des maladies de l'oreille*, mars 1893).

Le 3 février 1888, on amena à ma clinique un enfant de 5 ans. Il s'était introduit dans l'oreille un bouton de manchette en métal qui, à la suite de tentatives d'extraction, était en partie enfoncé dans la membrane du tympan, mais il était encore engagé dans le sinus du conduit auditif externe. Je trouvai un peu de sécrétion purulente, un bruit de perforation par le procédé de Politzer et l'acuité auditive notablement diminuée. On avait souvent fait des tentatives d'extraction avec ménagement, avec le serre-nœud, mais sans succès.

A l'entrée, le professeur Sattler constata que le fond de l'œil était parfaitement normal. Température normale.

Le 19, le professeur Sattler trouva une hypérémie veineuse et une légère adhérence des bords des papilles. Le 22, l'hyperémie et l'adhérence des bords des papilles avaient pris fin. Tm. = 37°9.

Ce jour-là, je pus, après anesthésie, extraire facilement le corps étranger avec mon levier en forme de pelle. C'était un petit bouton de chemise en métal, formé d'une tête arrondie, avec une tige d'environ un centimètre de long. La tige avait pénétré dans la membrane du tympan, la tête était à la surface extérieure de la membrane, dans le sinus du conduit auditif externe.

Le 24, à l'examen ophtalmoscopique, point de tuméfaction du nerf optique, bords des papilles nettement limités.

Le 26, des deux côtés, état normal ; les veines présentent encore une courbe minime, comme à l'état normal.

Observation XVI

Polype auriculaire compliqué de paralysie faciale, de mastoïdite et de névrite optique. — Reid J. Mac Kay. (*Transactions of the american otological society*, vol III, part. I. Analyse in *Annales des maladies de l'oreille*, 1882).

Chez un homme âgé de 22 ans, l'auteur extirpa un polype de l'oreille gauche au moyen du serre-nœud. Il cautérisa le point d'implantation avec une solution de nitrate d'argent à 7 %. Il appliqua ensuite un traitement local consistant en injections de sulfate de zinc et d'acide phénique, après nettoyage avec la seringue. Ce traitement, exécuté plusieurs fois par semaine, produisit un notable soulagement.

Dans le but de détruire quelques restes de granulation, l'auteur employa de nouveau la solution à 7 %, mais cette fois le contact du liquide corrosif causa de vives douleurs, qui persistèrent pendant des semaines. En même temps une paralysie faciale gauche survint. Le malade était pâle et affaibli, tout le côté gauche de la tête était douloureux, l'apophyse mastoïde était enflée et sensible. Une application de sangsues produisit une amélioration. Le lendemain, Tm. 38°5, pouls 69. Deux jours après, Tm. au-dessous de la normale, nombre de pulsations 65 à 56.

Le malade éprouvait une céphalalgie permanente, et avait des nausées et des vomissements très fréquents, qui l'empêchaient de retenir ses aliments ; la nuit, il était pris d'un léger délire. Cet état persista pendant une dizaine de jours.

Je pratiquai alors une injection de morphine, qui arrêta les vomissements, fit disparaître la douleur et procura du sommeil ; dès le lendemain, le malade mangeait et se sentait mieux. Les injections morphinées furent continuées pendant plusieurs semaines. La température était toujours au-dessous de la normale.

Le malade s'étant plaint d'un trouble de la vue, l'examen ophtalmoscopique révéla l'existence d'une inflammation bien caractérisée du nerf optique gauche et d'une congestion considérable de la papille du côté droit. De petites doses de calomel furent administrées toutes les 4 heures jusqu'à l'apparition d'un léger ptyalisme, et continuées pendant plusieurs semaines. Une amélioration très marquée se produisit bientôt dans l'état général du malade. La douleur de tête et les troubles visuels disparurent, et après un certain temps de convalescence, le malade, qui était machiniste de son état, put retourner à l'ouvrage. Toutefois il a gardé une légère otorrhée ainsi que sa paralysie faciale. L'auteur se demande si, dans des cas de cette nature, la névrite optique est due à une méningite seule ou à une maladie concomitante du cerveau.

OBSERVATION XVII

Otorrhée chronique. Vertiges épileptiformes auriculaires. Carie du rocher. Dilatation des veines rétiniennes. — BOUCHUT (*Paris médical*, 15 et 22 juin 1889).

Le 16 septembre 1880, on m'amène un garçon de 7 ans, qui, depuis six ans, a des vertiges avec inclinaison de la tête à gauche, perte de connaissance pendant cinq ou dix minutes, dort, — un quart d'heure de sommeil, — et tout est dit.

L'oreille gauche coule abondamment, il en sort presque toujours du pus. L'oreille droite coule de temps à autre, mais peu abondamment. Il n'y a pas de surdité ni de troubles visuels.

Quelquefois après le vertige, il y a pendant plusieurs jours un peu d'affaiblissement passager de la jambe droite. Réflexe rotulien conservé.

A l'ophtalmoscope, on constate une excavation centrale du nerf optique et une énorme dilatation des veines rétiniennes.

Observation XVIII

Otite ; convulsions. Paralysie temporaire. Névro-rétinite. —
Bouchut (*Paris médical,* 15 et 22 juin 1889)

Garçon de 5 ans, avait depuis deux ans une otite avec otorrhée gauche et des convulsions violentes tous les deux ou trois
mois. Ces convulsions furent une fois suivies d'hémiplégie
faciale. Comme lésion du fond de l'œil, on trouve un léger
exsudat grisàtre de la papille gauche et un à droite. L'enfant
n'a pas été revu.

Observation XIX

Vertiges auriculaires. Carie du rocher. Méningo-encéphalite. Névrite
optique. — Bouchut (*Paris médical,* 15 et 22 juin 1889).

Enfant âgé de 14 mois, amené le 2 mars 1880 à la consultation, aux Enfants-Malades.

Cet enfant est malade depuis deux mois ; il eut à cette
époque des vomissements, de la constipation, un peu de somnolence pendant quinze jours, et pour lesquels on fit une
application de vésicatoires derrière l'oreille gauche. L'enfant
avait alors une otorrhée assez abondante.

Depuis un mois, hémiplégie faciale gauche incomplète, strabisme convergent, et, à chaque instant, vertiges et absences de
quelques secondes, caractérisées par une chute de la tète en
avant, laquelle se relève aussitôt.

Vomissements fréquents, diarrhée, il y a quelques jours ;
selles régulières aujourd'hui. L'enfant continue à tèter et n'a
pas dépéri.

A l'ophtalmoscope, on constate des deux côtés une névro-
rétinite avec exsudat gris-bleuàtre, le nerf est gonflé, aplati, et
ses bords sont très diffus, cachés par l'exsudation : gonflement
et dilatation considérable des veines.

L'enfant, ramené le 17 mars, était dans le même état. Je
ne l'ai pas revu depuis cette époque.

Observation XX

Vertiges auriculaires. Carie du rocher. Pachyméningite de la fosse temporale moyenne. Névro-rétinite. Hémorrhagie de la rétine. — Bouchut (*Paris médical*, 15 et 22 juin 1889).

Enfant malade depuis deux mois souffrant de l'oreille gauche qui est le siège d'un écoulement purulent d'abord abondant, mais aujourd'hui peu considérable. Depuis trois semaines, elle a des vertiges avec perte de connaissance et inclinaison rotatoire de la tête sur l'épaule gauche correspondante à l'oreille malade. A ce moment, si elle est debout, elle tomberait si personne n'était là pour la retenir. Ce vertige et cette absence ne durent que quelques secondes et ils se produisent plusieurs fois par jour. En dehors de ces vertiges, elle marche bien ; l'enfant a constamment mal à la tête et surtout la tête lourde. Elle ne vomit pas, mange et digère bien. Elle n'a pas de fièvre et son pouls est régulier, 80 par minute.

Les yeux, examinés à l'ophtalmoscope, offrent des deux côtés un gonflement de la papille qui semble aplatie, rougeâtre au centre et dont les bords sont couverts par un exsudat grisâtre, radié et elle est toute voilée. Les veines sont larges, flexueuses, interrompues et cachées çà et là par l'exsudation, puis il y a en haut et en bas, sur le trajet de quelques petites veines, et dans leur intervalle, des hémorrhagies de la rétine plus ou moins larges, irrégulières dans leur forme, déchiquetées sur les bords et d'une couleur rouge foncé. L'enfant voit clair, elle peut faire des ourlets, lire, et elle distingue bien les couleurs. Après quelques jours de présence à l'hôpital nous constatons nous-mêmes le phénomène des vertiges avec rotation de la tête seulement ; cette rotation, au lieu d'être à gauche, comme il est écrit plus haut, d'après les affirmations de la malade, se fait à droite, et il en a été toujours ainsi depuis cette époque.

Traitement : injections d'eau phéniquée dans le conduit auditif et un gramme d'iodure de potassium par jour. Les hémorrhagies rétiniennes se résorbent par degré, mais il s'en fait d'autres nouvelles et l'exsudat grisâtre papillaire augmente d'épaisseur.

Pendant deux mois, le fond des yeux change de semaine en semaine en même temps que s'aggravent les autres symptômes nerveux fonctionnels.

La marche devient difficile, gênée par de la titubation et de plus fréquents vertiges qui font tomber la malade, ce qui oblige à la maintenir au lit. Elle conserve toute sa sensibilité, son intelligence et son appétit, sa vision se trouble un peu et lui semble moins distincte. Après trois mois de séjour, la lecture était encore possible. Au milieu de mai, l'enfant est plus mal ; il n'y a pas de douleurs d'oreilles, mais la marche est presque impossible et il y a toujours plusieurs vertiges par jour.

Le fond de l'œil est tout-à-fait changé, il n'y a plus d'hémorrhagies.

Tout le centre pupillaire est couvert d'une exsudation grisâtre qui recouvre et cache la pupille, les veines sont dans le même état et l'enfant ne peut plus lire.

On constate la persistance de douleurs de tête, la très grande difficulté de la marche, la lenteur de l'intelligence et de la parole.

Le 23 mai, survient une crise convulsive prolongée, très forte, avec perte de connaissances, vomissements, et après il reste une hébétude et une stupeur qui durent quelques jours. Pas de fièvre ni de ralentissement du pouls. L'intelligence reste affaiblie ainsi que le mouvement et la sensibilité. Il y a de la parésie générale, et tout en pouvant remuer les jambes dans son lit, l'enfant ne peut se tenir debout.

23 juillet. — L'état est à peu près le même, sauf une plus grande faiblesse générale, mais sans paralysie.

Douleurs de tête, pas de vomissements, bon appétit ; selles naturelles, parfois involontaires, ainsi que l'émission des urines ; il y a tous les jours ou tous les deux ou trois jours des crises nerveuses caractérisées par une perte absolue de la connaissance, des convulsions dans les quatre membres, et résolution de la tête sur la poitrine. Ces crises durent quelquefois plusieurs heures et l'enfant reprend connaissance. A l'ophtalmoscope, on voit qu'il n'est pas revenu d'hémorrhagie rétinienne, et la papille est complètement cachée par un exsudat grisâtre-radié, demi-transparent, qui en cache les contours. Les veines sont moins dilatées qu'autrefois.

Pas de fièvre, pouls régulier : 80.

20 août. — Le mois qui vient de s'écouler a vu augmenter la faiblesse de l'enfant, sans qu'il se soit produit d'autres phénomènes que ceux qui ont déjà été indiqués.

Elle ne voit plus rien et continue à entendre d'une oreille. Elle répond bien aux questions et ne souffre que de la tête.

Les mouvements de la tête et des bras sont libres ; et il n'y a que ceux des membres inférieurs qui aient presque entièrement disparu, mais l'enfant peut encore lever les genoux.

Pas de vomissements ni de diarrhée, digestions faciles, mais peu d'appétit. De temps à autre, tous les deux ou trois jours, ou plusieurs jours de suite, il y a une syncope, prolongée pendant plusieurs heures et sans convulsions, ce qui les distingue de celles qui ont été observées précédemment dans le mois de mai et de juillet. C'est dans une de ces syncopes que la mort a eu lieu le dimanche 22 août.

A l'autopsie, le 24, je trouve le cerveau distendu, fluctuant, sans traces de méningite à la base ou sur le couvercle des hémisphères. Il est facile à enlever et il n'y a pas de pachyméningite dans la fosse moyenne sur le rocher gauche. A cet endroit la dure-mère est normale.

Le cerveau détaché sans difficulté laisse échapper par le plancher du 3e ventricule dans l'espace interpédonculaire une énorme quantité de sérosité claire et transparente comme de l'eau de roche. C'est le liquide d'une hydrocéphalie abondante occupant les ventricules latéraux extrêmement dilatés. En effet, ils mesurent 18 centimètres de long et ne sont séparés de la pointe du lobe frontal et de la pointe du lobe occipital que par une épaisseur de 2 centimètres de substance nerveuse.

Les parois de ces ventricules sont saines, ainsi que la couche optique et le corps strié. Il n'y a que la voûte à trois piliers qui soit ramollie, crémeuse, macérée par l'épanchement séreux. Il n'y a aucune tumeur dans les hémisphères. Les pédoncules cérébraux sont sains comme la protubérance ainsi que les tubercules quadrijumeaux et les bandelettes optiques qui sont larges et ramollies.

C'est en arrière de la protubérance, sur le plancher du 4e ventricule, sur les pédoncules cérébelleux et le lobe moyen du cervelet, que je trouve une lésion matérielle d'une importance considérable.

Il y a là en arrière de la protubérance et de la moelle allongée, sur les côtés du calamus scriptorius, dans le noyau d'origine du nerf auditif et dans les pédoncules du cervelet, une tumeur grosse comme une noix, entourée de substance cérébelleuse normale. Cette tumeur, un peu dure à sa base, sur les côtés du calamus, offre une base résistante et blanche.

Le reste est pulpeux, ramolli, blanchâtre, rosé, comme de la matière encéphaloïde peu vascularisée et renferme au centre un noyau de petits corpuscules blanchâtres, épars, de matière résistante indéterminée, noyée dans la substance ramollie de la tumeur.

Cette tumeur a pour base les noyaux d'origine du nerf auditif gauche et s'est étendue à l'entour dans le tissu du calamus et dans le cervelet. La branche apparente du nerf auditif ne paraît pas malade.

Dans l'oreille, le conduit auditif externe est le siège d'un suintement rougeâtre desséché. A l'intérieur, la dure-mère paraît saine, mais si on l'enlève, le rocher est noirâtre, nécrosé, et mis de côté pour l'étude ultérieure.

Les yeux sont également mis de côté pour l'étude histologique, mais l'un d'eux ayant été ouvert et vu à la loupe, a présenté le gonflement de la papille avec diffusion des bords et exsudat blanchâtre névro-rétinien très prononcé.

Observation XXI

Otorrhée chronique. Carie du rocher. Névro-rétinite double. Méningo-encéphalite. Mort. — Bouchut (*Paris médical*, 15 et 22 juin 1889).

L'auteur est appelé le 8 janvier par Garrigou-Désarènes auprès d'un enfant présentant des troubles cérébraux liés à une otorrhée chronique.

Cet enfant, garçon de 10 ans, avait un écoulement purulent datant de 6 mois, et le 1er janvier, à la suite d'un refroidissement très marqué, il eut de nouvelles douleurs d'oreille avec fortes souffrances de tête, renversement du cou sur le dos, parfois des vomissements, des selles quotidiennes et le pouls normal. Il voyait confusément les objets, et à l'ophtalmoscope je constatai une névro-rétinite double caractérisée par le gonflement et l'aplatissement de la papille, la diffusion des bords sous un exsudat grisâtre assez prononcé, et la dilatation considérable des veines extérieures.

Les accidents durèrent quinze jours. Jamais la tête ne put se redresser, il y avait des crises quotidiennes multiples de douleur occipitale, avec vertiges et syncope, puis la maladie prit le caractère de la méningite. A ce moment je proposai la trépanation de l'apophyse mastoïde pour évacuer le pus que je supposais exister dans le rocher, mais on refusa. L'enfant mourut au bout de trois semaines sans qu'on put en faire l'autopsie, de sorte que dans ce fait il n'y a à retenir que l'existence d'une névro-rétinite dans le cours d'une carie du rocher, se terminant par méningo-encéphalite.

Dans ce cas, l'ophtalmoscope indique très positivement dès le début de la maladie qu'il se préparait dans les méninges et le cerveau, une complication de la carie du rocher. Cette conjecture ne tarda pas à se réaliser, et quinze jours après, une méningite se déclara et entraîna la mort.

OBSERVATION XXII

Otite moyenne suppurée. Névro-rétinite. —
ZAUFAL (*Société médicale de Prague*, 1882).

Un jeune homme de 16 ans, très vigoureux, était atteint d'otite moyenne suppurée à gauche avec perforation de la membrane tympanique et adénite cervicale. On n'avait pu en venir à bout par aucun mode de traitement, et depuis quelque temps, l'état général devenait mauvais ; il y avait de l'anorexie et de la fièvre le soir. En descendant l'escalier, le malade avait éprouvé du vertige et l'irrigation de l'oreille commençait à produire de l'étourdissement. Rien à l'apophyse mastoïde, mais la percussion produisait du vertige.

L'examen ophtalmoscopique montre le fond de l'œil d'un rouge sombre ; la rougeur augmente vers la papille, dont elle recouvre une grande partie au côté interne. Artères normales, veines très dilatées et sinueuses. Papilles mal délimitées, d'un rouge sombre en dedans. Sur la papille droite, auprès du point de sortie des vaisseaux centraux, hémorrhagie recouvrant toute la partie centrale. Diagnostic : hyperémie veineuse. On admet donc la propagation aux méninges et l'on pratique la trépanation. Le lendemain, plus de vertige pendant la percussion et l'irrigation. Le malade se sent bien, pas de fièvre, appétit. Le quatrième jour, la partie interne de la papille est encore très rouge, pourtant les veines sont notablement plus étroites et le fond de l'œil beaucoup plus pâle. L'hémorrhagie est plus petite et ses bords indistincts. Le huitième jour, élévation brusque de la température à 41°. L'examen ophtalmoscopique n'indiquant aucune modification, on écarte toute idée de lésion intra-crânienne nouvelle et on pense à une complication accidentelle. C'est en effet une fièvre septique qui finit par disparaître et la guérison fut complète.

OBSERVATION XXIII

Otite moyenne et névrite optique.— C. KIPP (Société d'otologie américaine, 1892 ; analyse in *Annales des maladies de l'oreille*, 1892).

Cette observation est d'une importance pratique extrême. Un malade, atteint d'otite moyenne suppurée, présentait, sans la moindre sensibilité, sans la moindre lésion appréciable du côté de l'apophyse mastoïde, une névrite optique double et des accidents cérébraux. Ces complications disparurent rapidement par la trépanation de l'apophyse.

Il est donc indiqué de pratiquer l'examen ophtalmoscopique de toutes les otites suppurées prolongées et accompagnées de troubles visuels, en raison de la possibilité de la névrite.

OBSERVATION XXIV

Otite moyenne purulente. Névrite optique. — BARNIK
(*Inaug. Dissert*. Halle, 1892).

Marie B..., 6 ans. Diphtérie il y a 2 ans ; depuis, écoulement de l'oreille droite qui cessa au milieu de novembre 1887. A la fin de novembre, fièvre qui fut traitée comme une fièvre intermittente. Depuis quelques jours, raideur de la nuque, délire, fièvre élevée, vomissements.

14 décembre. — Rentre à la clinique. Tm., le matin, 38°7, frissons, se plaint constamment de douleurs insupportables à la nuque et en arrière du crâne. Trépanation immédiate.

18 décembre. — Examen de l'œil : staungspapille ; le soir, frissons.

20 décembre. — Pas de Tm. Appétit et état général bons.

2 janvier 1888.— Staungspapille a disparu.

12 janvier. — La malade sort guérie de l'hôpital.

Observation XXV

Otite moyenne purulente avec névrite optique. — Barnik
(*Inaug. Dissert.* Halle, 1892)

P. St..., 13 ans. Double otorrhée datant de la première enfance, de cause inconnue. Jamais de poussées aiguës. Depuis cinq jours, douleurs violentes, ayant apparu subitement dans l'oreille gauche et qui rayonnent dans la moitié gauche de la tête. Pas de vertiges, pas de frissons.

27 juin 1891. — Entre à l'hôpital. Pouls, 104. Tm. 38°4, le matin ; le soir 37°2. Trépanation, d'où s'écoule du cholestéatome caséifié.

29 juin, — 38°6 le matin, changement de pansement, fétidité.

11 juillet. — Pendant trois jours, il y eut le soir un peu de fièvre.

15 juillet. — Le matin, Tm. 37°4, à l'ophtalmoscope on constate une névrite optique double. Grande somnolence. Le soir, 37°7. Ralentissement du pouls.

16 juillet. — Tendance aux vomissements après les repas. Pas de fièvre.

25 juillet. — Fort ralentissement du pouls que l'on constate chaque jour ; en dehors d'une somnolence très marquée, il n'existe pas d'autre symptôme cérébral.

26 juillet. — Grande somnolence, mais la connaissance est conservée. Céphalalgie diffuse. Hyperesthésie généralisée. Pas de phénomènes de paralysie, pas de fièvre. Pouls, 52.

27 juillet. — Le matin, 40°9. Pas de convulsions. Mort.

A l'autopsie, gros abcès dans le lobe temporal gauche entouré d'une membrane épaisse se détachant facilement. Aucun signe de méningite basilaire ou de la convexité.

Observation XXVI

Otite moyenne. Complications cérébrales. Troubles oculaires. — Barnik (*Inaug, Dissert.* Halle, 1892)

Franz H..., 10 ans, suppuration chronique de l'oreille droite, avec mastoïdite. A son entrée à l'hôpital, aspect phtisique, pas de phénomènes cérébraux. Pas de troubles de la sensibilité et de la motilité, pas d'inégalité pupillaire, réflexe lumineux conservé. Pas de vertiges dans la marche ou dans la station debout, les yeux fermés. La percussion des os du crâne, dans le voisinage de l'oreille malade, est douloureuse. Le soir, 38°6. A l'examen ophtalmoscopique, pas de stase notable dans les vaisseaux de la papille, mais ses contours sont diffus, elle est sombre et nuageuse.

23 mai. — Le soir, à six heures, frisson d'une durée de dix minutes. Tm = 40°7. Trépanation immédiate. Dure-mère mise à nu, un thrombus est enlevé du sinus transverse.

29 mai. — Etat général meilleur jusqu'à ce jour. Aujourd'hui, frissons, 40°. Pas de signes méningitiques.

3 juin. — Névrite optique très marquée des deux côtés, mais plus forte à gauche.

4 juin. — Le matin, 38°8. Œdème de la paupière supérieure droite. Ptosis. Le soir, 40°9. Le lendemain matin, 36°7.

7 juin. — Pas de frissons, l'œdème a disparu. Pas de signes de méningite.

10 juin. — Le matin, 39°7.

Les jours suivants, troubles de la parole, suppuration profuse par la plaie opératoire, température oscillant entre 38° et 40°. Somnolence. Mort, le 16 juin.

A l'autopsie, phlébite des sinus très étendue et méningite purulente s'étendant jusqu'au bulbe.

Observation XXVII

Otite moyenne chronique suppurée compliquée d'irido-choroïdite et d'abcès profond du cou. — O. D. Pomeroy (de New-York) (*Medical record*, 22 septembre 1888).

Homme de 50 ans, déjà venu consulter pour une iritis avec fortes synéchies. Il avait eu une otite quelques mois auparavant, dont il avait été soigné, mais il avait souffert quelque temps d'une douleur dans le cou, qu'on avait attribuée à un rhumatisme musculaire. Une semaine après, il y avait du pus dans la chambre antérieure ; on fit une paracentèse et on laissa l'incision ouverte. Mais une perforation se produisit qui nécessita l'énucléation.

Une semaine plus tard, l'abcès du cou, qui était fluctuant, fut ouvert. Antérieurement une ponction exploratrice n'avait pas donné issue au pus, cette fois une grande incision en évacua une assez grande quantité et l'on put remarquer que cet abcès communiquait avec le conduit auditif.

Après l'incision, la guérison fut complète et survint rapidement.

OBSERVATION XXVIII

Abcès du cerveau par lésion suppurative de l'oreille; rémission prolongée des symptômes. — TH. BARR (*Glasgow med. journ.* septembre 1887; analyse in *Annales des maladies de l'oreille*, 1888).

Observation dont l'intérêt réside dans l'évolution relativement lente des phénomènes cérébraux et la rémission qui se produisit entre les accidents primitifs et ceux qui se terminèrent par la mort.

Femme de 22 ans avec otorrhée chronique bilatérale depuis 6 ans.

La première période de sa maladie dura 28 jours ; elle commença par de la céphalalgie frontale et de la tendance au sommeil ; puis il survint des vomissements répétés, la douleur de tête se localisa à droite et devint plus intense ; la malade tomba dans une sorte de stupeur. On observe à plusieurs reprises des bâillements répétés, la température est de 37°, le pouls lent au début (52-60) s'élève ensuite à 120, la constipation s'établit et enfin surviennent des paralysies oculaires (ptosis et strabisme interne de l'œil gauche).

La période de rémission débuta après l'application d'un large vésicatoire et dura 15 jours ; la malade paraissait complètement guérie, avait bon appétit, sortait, voyait ses amis, etc. Toutefois la paralysie du droit externe gauche persista sans changement.

La troisième période dura douze jours et fut caractérisée

par de la céphalalgie, des vomissements, une hémiplégie gauche, du délire, de la fièvre, et la mort arriva par asphyxie.

L'autopsie montra des lésions suppuratives chroniques de l'oreille moyenne et un abcès volumineux dans le lobe temporo-sphénoïdal.

Observation XXIX

Otite moyenne. Abcès cérébral. Hémianopsie. — Sahli, cité par Köhner (Die otit. Erkrankh des Hirns, der Hirnhäute und der Blutleiter. 1894)

Il s'agit d'un homme de 46 ans, atteint d'otite grippale en janvier 1890. Les accidents cérébraux surviennent au mois de juillet : hémiparésie gauche avec hémianopsie gauche homonyme.

Sachs pratique la trépanation, d'abord au niveau de la zone motrice, puis sur le lobe occipital. Celle-ci fait découvrir un abcès qui fut drainé seulement quatorze jours plus tard. Au niveau de chaque perte de substance crânienne, il se produisit une hernie cérébrale. Un mois après, le malade mourait de méningite.

Observation XXX.

Otorrhée chronique. Névrite optique. Hémianopsie homonyme. Trépanation de la mastoïde et du cerveau. Hernie cérébrale. Guérison. — A. Knapp (de New-York) (Archiv of otology, n° 3, 1894).

Enfant de 9 ans, souffrant d'une otorrhée gauche depuis plusieurs années. Depuis deux mois, écoulement purulent très abondant, céphalalgie continuelle, étourdissement, fièvre. A l'examen, perforation du tympan ; pas de gonflement ni de sensibilité de l'apophyse mastoïde. Oreille droite, normale. L'examen ophtalmoscopique révéla une papille étranglée dans l'œil gauche, très peu dans l'œil droit. Dans chaque œil, hémianopsie homonyme droite.

Traitement : application de glace sur la mastoïde, lavages boriqués permanents.

Le diagnostic d'abcès cérébral fut porté, à l'exclusion de méningite et de thrombose des sinus. L'hémianopsie homonyme indiquait la destruction des fibres optiques entre le chiasma et le centre visuel, le cuneus. L'intégrité des autres nerfs crâniens montrait que l'abcès était situé dans le cuneus ou dans son voisinage, c'est-à-dire dans le lobe occipital.

Quelques jours après, mêmes signes oculaires. Mais gonflement, rougeur et douleur à la pression de la mastoïde. L'ouverture de la mastoïde est pratiquée jusqu'à l'antre, beaucoup de fongosités, en les suivant on arrive jusqu'au cerveau : une trépanation cérébrale est faite et il s'écoule une assez grande quantité de pus.

Névrite optique très intense pendant les jours suivants. Beaucoup de pus s'écoule par l'oreille malade. Le troisième jour, apparition d'une hernie du cerveau qui arrive à atteindre les dimensions d'un œuf de poule.

La névrite optique commença à diminuer dans le deuxième mois, elle disparut dans le courant du troisième. Mais l'hémianopsie persistait.

L'enfant fut gardé à l'hôpital pendant trois mois. Il sortit guéri.

OBSERVATION XXXI

Abcès cérébral d'origine otique. — HERMANN KNOPP (de New-York). (*Zeitschrift für Ohrenheilkunde*. XXVI Bd. 1 Hft S.20. Analyse in *Archives de laryngologie,* janvier-février 1895).

Une fillette de 9 ans présente dans le cours d'une otite moyenne chronique gauche, fétide, provenant d'une scarlatine d'ancienne date, l'ensemble des symptômes suivants : céphalée, vertiges et élévation thermique oscillant entre 37°5 et 39°1, congestion papillaire bilatérale, prédominant à gauche, disparition de la moitié droite du champ visuel des deux côtés ; pas de grandes oscillations thermiques pouvant faire songer à une thrombose du sinus, pas de délire ni de coma, ni de vomissements, ni d'autres signes méningitiques. Le seul trouble psychique noté fut un léger affaiblissement de la mémoire.

Le diagnostic porté fut : abcès cérébral d'origine otique, siégeant vraisemblablement dans le lobe sphénoïdal gauche, au voisinage de la bandelette optique.

Le père de l'enfant étant ensuite resté deux semaines sans donner des nouvelles de la petite malade, fut prévenu de la gravité du cas et consentit à l'opération proposée.

La région mastoïdienne alors seulement se montrait légèrement gonflée, rouge et douloureuse à la pression. L'examen otoscopique révélait une large destruction tympanique, mais un stylet introduit vers l'aditus ne rencontrait pas de séquestre.

Opération. — On commença par pratiquer l'opération de Stacke, modifiée par Schwartze. Les cavités mastoïdiennes ne renfermaient pas de pus, tandis que l'on retira de l'attique un mélange de pus fétide et caséeux, de fongosités et de débris osseux mortifiés. Le crâne fut ouvert ensuite à l'aide d'une couronne de trépan : la pie-mère et le cerveau étaient normaux. On pratiqua une ponction avec la seringue de Pravaz, la pointe dirigée en bas vers le tegmen tympani et on obtint par aspiration la réplétion de la seringue par du pus blanchâtre. Le long de l'aiguille laissée en place, on glissa alors un bistouri dans la substance cérébrale et l'on vit s'écouler au dehors une grande quantité de pus fluide et fétide. A la place de l'aiguille et du bistouri, un drain en caoutchouc fut introduit.

Pendant les cinq à six jours qui suivirent, la température ne monta pas au-dessus de 39°, il n'y eut pas d'autres symptômes cérébraux. Un écoulement de liquide céphalo-rachidien se montra pendant cinq à six jours, puis les signes du stase papillaire diminuèrent graduellement, mais il persista une hernie cérébrale pendant deux mois.

Au bout de six semaines, la stase papillaire disparut complètement.

L'enfant fut congédié trois mois après l'opération, ne gardant de ses terribles accidents, qu'un peu de suintement purulent fétide au fond du conduit auditif et une persistance de son hémianopsie.

OBSERVATION XXXII

Hémianopsie dans un abcès cérébral d'origine otique — LANNOIS et JABOULAY (Communication à la Société française de laryngologie, otologie, rhinologie, 1896).

J... peintre-plâtrier, âgé de 29 ans, entre le 13 juin 1895, salle Saint-Irénée, à l'hôpital de la Croix-Rousse. Pas d'antécédents héréditaires. Rhumatisme à vingt ans, alcoolisme ; pas de syphilis, pas d'accidents saturnins.

Il est porteur d'une otorrhée gauche rebelle, et d'ailleurs rarement soignée, depuis l'âge de 4 ans. L'écoulement est intermittent et existe en ce moment. Début il y dix jours par des vertiges et incertitude de la marche ; il y a deux jours, nausées et dysphagie, en même temps que sa tête devient lourde et qu'il se déclare une céphalalgie très intense, fixe, occupant la moitié gauche du crâne et de la face. En même temps l'écoulement de l'oreille est devenu plus abondant. Pas de gonflement au niveau de l'apophyse mastoïde gauche, mais un peu d'empâtement du pourtour de l'oreille s'étendant jusqu'aux paupières qui sont rouges ; il y a un peu de larmoiement de ce côté, mais pas d'inégalité pupillaire. La palpation est douloureuse autour des oreilles et à la nuque. La surdité paraît complète à gauche ; la montre n'est pas perçue au contact de l'oreille, mais elle est entendue sur la région temporale correspondante. Le malade répond mal aux questions qu'on lui adresse, il paraît obnubilé et présente de l'amnésie.

Le 14 juin, signes d'aphasie sensorielle très nets. Il n'y a pas de surdité verbale : le malade entend et comprend tout ce qu'on lui dit, mais il présente de la cécité verbale, très évidente, il voit les lettres et ne peut pas lire, il voit les objets qu'on lui montre et est incapable de les nommer. Il peut parfaitement répéter les mots qu'on prononce devant lui. Il ne peut écrire spontanément et est incapable d'écrire couramment.

Le lendemain matin, le malade se plaint toujours de la céphalalgie localisée à la moitié gauche du front et à la tempe. Il existe une paralysie droite très appréciable, sensibilité générale intacte. Température, 37o6. Les phénomènes aphasiques persistent. L'examen de la vision démontre qu'il existe, comme il fallait s'y attendre, une hémianopsie latérale droite avec conservation du réflexe de Wernicke, c'est-à-dire avec réaction pupillaire très nette, lorsqu'on éclaire la moitié obscure du champ visuel.

Le diagnostic d'abcès cérébral ayant été posé, cette constatation permettrait d'en préciser le siège. La lésion devait vraisemblablement occuper la partie postérieure de la capsule interne et interrompre les radiations optiques dans leur trajet. L'absence de troubles nets dans la sensibilité cutanée indiquait un siège très reculé, très probablement au niveau du lobe occipital.

Trépanation immédiate de l'apophyse mastoïde : issue abondante de pus, ouverture du crâne au niveau de la partie
inférieure de l'oreille du temporal. Ponction du cerveau en
différents points : pas de pus.

Les jours suivants, pas d'amélioration, au contraire vive
excitation, constipation, disparition de l'hémiplégie, sauf la
paralysie faciale qui est aussi marquée. Même état de la vision
avec pupilles égales réagissant bien à la lumière. Un peu
d'amélioration commençait à se produire, quand tout d'un
coup, le 23 juin, élévation brusque de la température à 39°5.
On constate que la surface du cerveau mise à nu est sphacélée
superficiellement et répand une odeur infecte ; on enlève ces
parties sphacélées. Amélioration les deux jours suivants, mais
le 26 juin, nouvelle ascension thermique, nouvelles ponctions
cérébrales, toujours pas de pus.

L'état général devient de plus en plus mauvais. Le 4 juillet,
la température s'élève à 40°. On recherche encore une dernière
fois l'abcès diagnostiqué ; une ponction dirigée en haut et en
arrière, en plein lobe occipital, ramène enfin un pus crémeux,
épais, très fétide. La plaie cérébrale est élargie et drainée.
Mort le 15 juillet.

A l'autopsie, collection purulente du volume d'une orange
au centre du lobe occipital. L'examen du rocher permet de
constater l'absence de la paroi postérieure du conduit et de la
paroi externe de la caisse, qui ont été enlevées pendant
l'opération. L'oreille interne a disparu et l'on trouve à sa
place des cavités pleine de pus.

Observation XXXIII

Un cas de thrombose des sinus avec symptômes oculaires remarquables.
— MARMADUKE SHEILD (*Archiv of otology*, Vol. XXI, n° 3, résumée in
Annales des maladies de l'oreille).

Chez le malade, un homme de 35 ans, porteur depuis de
longues années d'une otorrhée droite et qui présentait tous les
signes d'une propagation à l'encéphale, le signe clinique qui
frappait immédiatement était une énorme protusion des deux
globes oculaires.

On eût dit deux yeux repoussés au dehors par des sarcômes

de l'orbite : les paupières était engorgées et la droite en état de ptosis (paralysie faciale). Pas de strabisme. Névrite optique bien marquée. A la racine du nez, une petite veine thrombosée se décelait par la présence d'un cordon dur et d'une petite traînée rouge. Un peu plus tard, il y eut de la suppuration des veines frontales et un peu de pus s'échappa par le canthus interne. Le malade et son entourage avaient, dès le début, refusé toute opération.

L'intérêt de cette observation est dans la propagation de l'inflammation au sinus caverneux, ce qui est rare dans l'otorrhée, et la thrombose du sinus latéral.

OBSERVATION XXXIV

Névrite optique et maladie de Ménière. — THOMAS POOLEY (*New-York med. journ.*, 8 janvier 1887; analyse in *Annales des maladies de l'oreille*, 1887)

Un forgeron de 43 ans, jusque-là sans aucune tare personnelle ou héréditaire, et, notamment, exempt de syphilis, fut pris de vertiges avec troubles de l'équilibre et surdité, en même temps que de troubles de la vue. Bientôt les vertiges devinrent si intenses que le malade ne put plus marcher.

L'examen ophtalmoscopique fut pratiqué et on trouva la forme de névrite spéciale au mal de Bright, avec tous les signes qui lui sont propres. A ce moment, la surdité était totale. On porta le diagnostic de mal de Bright : cependant les urines examinées avec le plus grand soin ne présentaient aucune trace d'albuminurie ; l'analyse plusieurs fois renouvelée à différentes époques donna toujours un résultat négatif.

Au bout d'un certain temps, les symptômes auriculaires s'amendèrent, mais peu à peu survenait une tuméfaction sur la région latérale du thorax. Cette tuméfaction devenait de plus en plus saillante, on finit par l'inciser au bistouri ; il s'écoula une grande quantité de sang altéré. Quelques heures après l'opération, le malade mourut.

A l'autopsie, on trouva les reins congestionnés, l'un d'eux était notablement augmenté de volume, la couche corticale paraissait malade, et les glomérules de Malpighi engorgés. Le cerveau étai très ramolli, on n'y trouva ni foyer hémorrhagique, ni tumeur.

Dans les réflexions dont il fait suivre cette observation, le

Dr Pooley pense qu'il s'agissait là d'un mal de Bright, la nature de l'affection rétinienne ne faisant pour lui aucun doute.

Malheureusement, l'autopsie faite d'une façon très incomplète et sur laquelle l'auteur ne peut donner que des détails peu précis, laisse un doute dans l'esprit sur l'interprétation de cette intéressante observation.

OBSERVATION XXXV

Audition colorée. — NÜSSBAUMER (*Wiener med. Wochenschrift*, 1873).

Nüssbaumer possédait une oreille tellement fine, qu'il pouvait percevoir onze harmoniques pour chaque note grave du piano, quoiqu'il manquât de connaissances musicales. Depuis son enfance, il donnait, ainsi que son frère, des couleurs aux voyelles, aux sons, aux bruits.

Le sens de l'ouïe lui fait percevoir des couleurs nouvelles :

Souvent, je ne puis désigner les couleurs, dit-il, par ce que je n'en ai jamais vu objectivement de telles ; ce qui m'oblige à recourir aux comparaisons les plus baroques pour les décrire.

Par contre, certaines couleurs perçues par le sens de la vue ne se montrent jamais à l'audition des sons ; toutes ses tentatives pour s'imaginer un son rouge sont restées vaines ; c'est par hasard qu'il a entendu un jour un son vert, et il ne l'a plus retrouvé.

OBSERVATION XXXVI.

Audition colorée. — BLEULER et LEHMANN (Zwangsmässige Lichtempfindungen durch shall, etc., Leipzig 1881).

Le sujet n'est autre que E. Bleuler lui-même, il avait 23 ans au moment de l'observation et était étudiant en médecine à l'Université de Zurich. Il colore les voyelles, les diphtongues, les mots, les notes de la gamme, les mois.

Les langues lui apparaissent comme il suit : l'allemand est vert, l'anglais bleu clair, le français brun sombre, l'italien bleuâtre.

La coloration des bruits s'étend même à l'auscultation !

Les figures géométriques éveillent des sensations de couleur (!), leur représentation graphique est colorée.

Toutes ces sensations ne datent pas de la même époque, elles sont venues successivement l'une après l'autre.

Observation XXXVII

Audition colorée. — Lauret (de Montpellier). (*Gazette hebdomadaire des sciences médicales de Montpellier*, novembre 1885; analyse in *Annales des maladies de l'oreille*, 1886).

Il s'agit d'un homme de 50 ans, ancien officier, qui présente très marquée cette association intime des sensations de l'organe de l'ouïe et de la vue, l'audition d'un son déterminant instantanément chez lui la perception d'une couleur, et même, le plus ordinairement, d'une image colorée, de forme et de dimension constantes pour le même son, mais variant avec chaque son particulier. Pour lui, les sons peuvent être représentés par une couleur.

L'impression lumineuse la plus vive est produite, pour cet individu, par l'énoncé des voyelles, puis par les diphtongues qui se prononcent comme des voyelles (eu, au, ou) ; quant aux consonnes, elles ne donnent pas de sensation lumineuse propre, sinon pour l'm et l'n à la fin d'un mot, qui modifient la teinte de la voyelle précédente. En outre, dans la conversation courante, le timbre de la voix de la personne qui parle détermine chez M. A... une sensation de teinte uniforme, variable pour chaque timbre de voix, et sur laquelle se détachent les couleurs propres à chaque voyelle, lorsque M. A... fixe son attention sur les sons de ces voyelles en particulier. Pour les sons musicaux, si l'on passe des notes basses aux notes élevées, la couleur varie du marron foncé au jaune paille et même au blanc.

On conçoit, d'ailleurs, aisément, les modifications curieuses que peut apporter dans ces perceptions colorées le timbre des divers instruments, et par exemple l'association de la voix chantée et de l'accompagnement au piano ; à plus forte raison l'audition d'une partition exécutée à l'orchestre. Par un hasard surprenant, la femme de M. A..... éprouve des sensations lumineuses analogues, quoique moins marquées, déterminées par l'audition des différents sons, et leur jeune enfant « soit par hérédité, soit par habitude d'entendre les appréciations de ses parents sur la couleur des sons, » présente une ébauche du même phénomène. Mais la couleur perçue, par exemple pour une voyelle donnée, n'est pas la même chez M. A..... et chez sa femme. Enfin, chez le mari, la sensation colorée est constamment *extériorisée* ; il rapporte l'image à une distance de un à deux mètres, quelle que soit la position dans laquelle il se trouve par rapport à la source sonore.

OBSERVATION XXXVIII

Audition colorée. — **PAUL RAYMOND** (*Gazette des hôpitaux*, 2 juillet 1889).

M. X..., âgé de 30 ans, est un homme de bon tempérament, d'une forte constitution, qui n'a jamais été malade. Il est arthritique et nerveux. Très impressionnable, s'emportant à la moindre contrariété, il a des alternatives d'excitation et de dépression. Intelligent et très travailleur, il a fait de véritables excès de travail. Je passe sur certaines particularités de son observation, intéressante surtout au point de vue névropathique, et je ne retiens que ce qui a trait à l'audition colorée. Aussi loin que remontent ses souvenirs, M. X... se rappelle avoir éprouvé les sensations de l'audition colorée. Ce sont principalement les voyelles qui lui font éprouver ces perceptions de couleur.

A lui paraît noir, E gris, I jaune, O blanc, U bleu. Les consonnes lui paraissent toutes, indifféremment d'un gris clair, mais pour elle la perception colorée est à peine marquée.

Les syllabes prennent la couleur de la voyelle qu'elles renferment : ainsi Ba lui donne la sensation de noir, Di la sensation de jaune, etc. Les diphtongues tirent leur couleur des deux voyelles accouplées : ainsi EU, formé de E gris clair et de U bleu, apparaît d'un gris bleuté, EI est perçu comme jaune clair, etc.

La coloration d'une lettre avec un accent diffère de la coloration de cette même lettre sans accent. Ainsi, dans le mot médecine, MÉ est d'un gris plus blanc que DÉ.

Quant aux mots, ils sont perçus suivant la valeur des syllabes qui les composent. Dans le mot Hippocrate, par exemple, M. X.... perçoit successivement les sensations du jaune, du blanc, du noir, du gris ; il voit défiler devant ses yeux une véritable gamme de couleurs.

Chez lui, les bruits, les sons musicaux ne déterminent pas les perceptions chromatiques ; la parole seule éveille l'audition colorée. M. X.... parle l'anglais, l'allemand, l'italien et l'espagnol ; l'anglais lui paraît gris, l'allemand noir, l'italien jaune, l'espagnol bleu ; mais dans chacune de ces langues, comme dans le français, chaque mot porte avec lui, selon les voyelles qui la composent, sa coloration propre. La coloration de la langue étrangère est, pour ainsi dire, une coloration collective, une sorte de résultants qui n'a aucune influence sur les colorations des mots pris séparément.

M. X.... n'est aucunement gêné par ces perceptions colorées. Il en fait pour ainsi dire, abstraction quand on lui parle : il faut, pour qu'il perçoive la sensation chromatique, qu'il fixe son attention sur ce point. Cette audition colorée persiste avec les mêmes caractères, depuis le moment où M. X.... s'en est aperçu.

OBSERVATION XXXIX

Audition colorée. — GRÜBER (Roumanie). (Congrès international de psychologie physiologique. Paris, août 1889 ; analyse in *Bulletin médical*, 1889).

Le malade avait une sensation tranchée de couleur pour chaque lettre, voyelle ou consonne. De plus selon qu'il avait ou une image auditive ou une image graphique de la lettre, il voyait une couleur différente. Les diphtongues lui paraissent aussi colorées. A l'audition d'une de ces syllabes, il voit une bande de couleurs, dont l'étendue est toujours la même, mais la coloration différente avec les diverses diphtongues, triphtongues, tétraphtongues de la langue roumaine. Outre les phénomènes d'audition colorée, le sujet présente encore des particularités de même ordre très intéressantes.

Il a des sensations diverses de tact, de goût, de sens musculaire, lorsqu'il évoque les images graphiques des lettres. Ces sensations sont constantes pour chaque lettre. Ainsi par exemple, l'O est noir pour la vue, donne la sensation d'une chaleur étouffante pour la température, la sensation de chute dans un précipice pour le sens musculaire, et la sensation de terreur pour les sentiments affectifs. Il existe enfin chez lui une audition colorée pour les chiffres, et il peut alors, à l'aide des combinaisons de couleurs, faire des opérations d'arithmétique.

Observation XL

Audition colorée. — Delstanche, de Bruxelles (Lettre adressée aux *Annales des maladies de l'oreille*, 1891).

Comme vous en avez exprimé le désir, j'ai réuni quelques observations que j'ai faites sur moi-même, à propos de l'audition colorée, phénomènes dont je ne sais cependant pas bien me rendre compte à moi-même.

C'est la note *fa* qui a le plus d'action sur moi : elle évoque en moi la pensée de la couleur verte. Plus l'octave est élevée, le son aigu, plus cette teinte est claire ; dans les octaves plus graves, la sensation est moins vive, et l'accord le plus net, vert, est *fa, la, do, fa.*

Les autres notes me donnent aussi des sensations de couleur, mais elles sont beaucoup moins distinctes, à tel point que je n'oserais pas me prononcer avec certitude à leur égard.

Observation XLI

Audition colorée. — Pedrono (*Annales d'oculistique,* in Thèse de Cognacq. Bordeaux, 1893).

X...., professeur de rhétorique, éprouvait une sensation chromatique chaque fois que chez lui le sens de l'ouïe était mis en activité. L'état de santé du sujet est excellent : point d'antécédents morbides chez lui ni dans sa famille ; point de névroses ; la constitution de l'œil est normale ; point de dyschromatopsie ; l'acuité visuelle égale le numéro 1 de l'échelle de Snellen ; l'examen ophtalmoscopique ne révèle aucune anomalie dans le fond de l'œil. La bonne foi du sujet est hors de doute, comme semble le prouver l'extrait suivant de sa lettre à Pedrono :

« Voici d'abord l'historique de ces impressions que depuis l'enfance j'ai ressenties sans m'en rendre compte. Toujours, chaque fois qu'un son bien net a frappé mon oreille, surtout le son d'une voix humaine, à l'instant même, avant toute réflexion, le son s'est traduit pour moi par une couleur. C'est ainsi que les voix s'offraient à moi rouges, jaunes, bleues, vertes, mais toujours la même voix figurant la même couleur. Comme les voix sont extrêmement variées, bien qu'un certain nombre révèle à peu près la même nuance, leur ensemble correspond, pour moi du moins, à une palette portant une variété infinie de couleurs. De plus, en y réfléchissant aujourd'hui, je me rappelle que les voix ne se caractérisent bien par une couleur très nette que dans le cas où elles se font entendre dans leur pleine émission » dans un chant ou dans une lecture faite en public. Mais alors l'impression est subite et momentanée ; avant de remarquer qu'une voix est agréable ou non à entendre, qu'elle est forte ou faible, je me dis : Bon ! voix rouge, voix verte, etc., suivant sa nature. Cette association des sons et des couleurs s'est produite toute seule, si bien même que, d'après moi, tout le monde devait naturellement la sentir.

Je ne pensais pas plus de demander à mon voisin s'il l'éprouvait, qu'à lui demander si l'or lui paraissait jaune ; l'écarlate rouge, ainsi de suite, ou si le feu lui brûlait les mains. Cela jusqu'au jour où il arriva en ma présence, à des amis s'amusant entre eux, de dire en parlant du premier objet venu : c'est beau comme un chien jaune. L'expression était tirée de je ne sais quelle historiette et on l'appliquait à tout. Quelqu'un vint donc à dire devant moi en parlant d un ami : avez-vous remarqué sa voix ? Elle est belle ! Belle comme un chien jaune ! — Pas du tout, répondis-je, elle n'est pas jaune, elle est rouge. Je fis l'observation, paraît-il, sur un ton sérieux. Tout le monde de rire. Une voix rouge ! Une voix rouge ! Ce fut un éclat joyeux qui me surprit plus que les autres. J'exposai les principes ; on se mit à chanter, chacun voulait savoir la couleur de sa voix. J'indiquai à chacun sa couleur. Je me rappelle très bien que par une coïncidence bizarre, la voix de l'un de nous présentait la teinte jaune. Belle comme un chien jaune ! Oh ! pour le coup ce fut un fou rire. On me recommanda d'analyser mes sensations. Je n'en fis rien. Il me sembla suffisant d'avoir excité le rire. J'étais, à n'en plus douter, un original, un type nouveau, un spécimen unique en ce monde. »

Observation XLII

Audition colorée. — Mlle N. Astier (*Gazette hebdomadaire de médecine et de chirurgie*, 16 décembre 1893).

Je devais avoir 7 ou 8 ans lorsque j'ai commencé à remarquer et à faire remarquer aux autres les associations existant pour moi entre certaines couleurs et certains sons ou certaines lettres. Dans mes livres d'enfant, tous les *o* et les *i* étaient peints, les premiers en rouge, les seconds en bleu ; ces coloriages avaient pour but d'obliger mon entourage à voir les couleurs aperçues directement par moi, soit en regardant la lettre imprimée, soit en entendant le son correspondant. Je n'ai jamais vu distinctement que trois lettres : l'*o* du rouge éclatant et lumineux d'un beau coquelicot, l'*i* d'un bleu indigo terne, l'*u* noir.

Les autres voyelles et les consonnes n'avaient pas de couleurs spéciales. Dans un mot, elles empruntaient la teinte de la voyelle colorée la plus proche ; les mots contenant à la fois *o* et *i* m'apparaissaient violets ; cette couleur que je ne pouvais souffrir, me rendait certains noms odieux ; mon prénom entr'autres, que je ne pouvais entendre sans ressentir le même genre de souffrance que celui produit par l'ouïe d'un accord faux. J'avais une impression très désagréable en voyant du bleu ou un *i*, et à l'âge de huit ou neuf ans, je me refusais à écrire cette lettre dans les noms des personnes que j'aimais, l'ajoutant au contraire au nom des personnes antipathiques. Lorsque je lisais, je voyais la couleur sur mon livre, très vive sur la voyelle et s'irradiant tout autour du mot ; lorsque j'entendais le mot, la teinte flottait devant mon regard, sans contours définis, semblable à un phosphène uniforme et fugace.

Les chiffres ne me semblaient pas colorés, à l'exception du 7 et du 8, le premier agréable et rouge comme l'*o*, le second désagréable et bleu.

Les couleurs s'associaient aussi à des sons musicaux et à des bruits ; les sons pleins, étoffés de l'orgue, du violoncelle, de la voix dans le médium, étaient rouges, brillants, chauds ; les grincements des sons aigus de la voix, de la clarinette, du violon, étaient bleus ; la teinte dépendait toujours de la hauteur du son, non de la note, mais était très intense suivant l'instrument. La sensation colorée évoquée par un orchestre dépendait également de la hauteur de l'ensemble des sons. Les impressions causées par la vue de la couleur ou par l'audition du son étaient de même nature ; une des sensations éveillait l'autre : le grincement de l'archet sur la chanterelle faisait apparaître une tache bleue devant mes yeux ; la vue de ce bleu détesté, me faisait entendre des sons aigus ou la lettre *i*. J'étendais ces associations à mes sentiments affectifs : certaines personnes étaient auréolées de bleu ou de rouge suivant l'antipathie ou la sympathie qu'elles m'inspiraient.

Ces sensations ont été extrêmement intenses de 9 à 14 ans. J'étais alors très maladive, nerveuse à l'excès. Ma santé s'est remise, j'ai prêté beaucoup moins d'attention à ces phénomènes d'audition colorée, et lorsque je me suis observée de nouveau il y a quelques années, je me suis aperçue que les voyelles lues et entendues ne me donnaient plus de sensation de couleur.

C'est chez moi un souvenir très net : lorsque j'entends certaines lettres ou certains sons, je pense parfois aux couleurs évoquées autrefois par eux et je puis quelquefois en faire apparaître une image pâlie ; mais la vision spontanée ne se produit plus depuis longtemps.

Je n'ai connu personne dans ma famille ayant l'audition colorée.

Observation intéressante, principalement par ce fait de la disparition lente mais complète du phénomène primitivement très intense.

Observation XLIII

**Troubles otiques d'origine oculaire. —
DE CAPDEVILLE** (*Marseille médical*, 30 décembre 1884).

Mme Pellenc, 56 ans, mais en paraissant davantage, en raison de son état de sénilité précoce trahi par la flaccidité des tissus et l'aspect ectasique du réseau vasculaire superficiel ; pas de maladies antérieures pouvant être rapportées à une diathèse quelconque ; n'a jamais souffert ni des yeux, ni des oreilles.

Le 20 mars 1883, après quelques troubles fugaces dans la

vision de l'œil gauche, est prise d'une attaque de glaucome aigu, avec tous ses signes classiques.

Refuse absolument toute intervention chirurgicale et n'accepte que les instillations d'un collyre à l'éserine. Après des poussées alternatives de tension exagérée et de douleurs ciliaires violentes, suivies de détente et d'amélioration visuelle ; après une dernière crise survenue deux mois plus tard, toute perception visuelle disparaît de cet œil gauche ; il reste le siège d'un état irritatif du plexus ciliaire, se traduisant par une vive sensibilité au toucher, des douleurs spontanées survenant de temps à autre et persistant cinq ou six jours, l'effacement de la chambre antérieure, la décoloration de l'iris et tous les signes d'un trouble nutritif profond de l'organe, devant amener plus ou moins prochainement son atrophie.

C'est pendant le cours de cette dernière 'période que l'oreille gauche est elle-même atteinte de troubles fonctionnels, dont le tableau reproduit assez exactement celui des deux malades suivants : sensation d'un bruit continu, subissant des variations de timbre et d'intensité et passant alternativement d'un rythme précipité à un rythme plus lent, sans rapport marqué avec les conditions variables de la circulaiion ; impression pénible dans la région auriculaire de vibration au fond du conduit, non modifiée par les divers mouvements imprimés avec le doigt aux parois de ce canal, et par les tentatives réitérées d'expiration forcée ou de déglutition ; impulsion vertigineuse, surtout le matin au lever, avec tendance à tomber en avant et sur la gauche ; diminution très marquée de l'ouïe de ce côté, où la parole même à voix élevée est difficilement perçue : l'épreuve de la montre donne un résultat négatif au contact du pavillon et sur les parois crâniennes, à droite comme à gauche, ce qui ne doit pas étonner, les personnes âgées ou en état de sénilité précoce perdant la faculté de sentir les battements d'une montre ordinaire. L'examen du conduit, rendu difficile par l'affaissement et l'état de desquamation sèche de ses parois permet néanmoins de voir la membrane du tympan d'une coloration grisâtre, qu'on ne saurait mieux comparer qu'à celle d'un vieux parchemin desséché, d'aspect ridé, sans triangle lumineux, sans translucidité, un tympan, en un mot, infiltré d'éléments de régression sénile, analogues à ceux que l'on rencontre dans le gérontoxon de la cornée ; il faut dire que l'examen de l'autre côté fournit absolument les mêmes résultats. Pas de vascularisation anormale dans les diverses parties de la région. Rien du côté de la gorge et de l'arrière-cavité des fosses nasales, autant qu'on peut en juger du moins chez une personne dont le peu d'intelligence et le peu de bonne volonté ne facilitent pas l'examen ; ce dont on peut plus facilement s'assurer, c'est que l'estomac fonctionne bien et qu'il s'est toujours comporté d'une façon parfaite.

Cet état persiste pendant trois mois, sans qu'il soit possible de le modifier par un des nombreux agents rationnels ou empiriques qui sont successivement mis en usage, sans qu'il soit surtout possible de faire accepter l'énucléation de l'œil gauche, seule intervention qui me paraisse propre à mettre un terme aux douleurs orbitaires de moins en moins vives, il est vrai, et aux troubles auriculaires toujours aussi prononcés. Par bonheur pour la patiente, l'œil droit reste indemne de toute atteinte ; il en est de même de l'oreille droite, dont la fonction à aucun moment n'a été altérée d'une façon appréciable. Ayant perdu de vue Mme P..., à cette époque, je ne saurais dire ce qui lui est advenu plus tard, et je le regrette, car il eût été intéressant de suivre l'évolution des accidents oculaires et auriculaires complètement livrés à eux-mêmes.

OBSERVATION XLIV

Troubles otiques d'origine oculaire. — DE CAPDEVILLE
(*Marseille médical*, 30 décembre 1894).

Norris, 48 ans, forgeron. Projection d'un éclat de fer sur l'œil gauche : plaie pénétrante de la cornée empiétant sur la sclérotique au niveau du segment externe de l'œil, déchirure de l'iris, hémorrhagie abondante dans la chambre antérieure.

Le corps étranger, légèrement saillant dans l'angle externe de la plaie, est retiré quelques heures après à l'aide de la pince fixatrice ; il se présente sous la forme d'un fragment de fer triangulaire, long de quatre millimètres, à bords irréguliers et dentelés ; issue immédiate d'humeur aqueuse et de sérosité sanguinolente, adhérence des bords de la déchirure de l'iris aux lèvres de la plaie. Le lendemain le sang est en grande partie résorbé et on peut voir, à travers la pupille, qui s'est laissée dilater par l'atropine, une opacité laiteuse déjà étendue des couches cristalliennes superficielles ; le traumatisme a porté sur le cristallin et certainement aussi sur le corps ciliaire, comme l'indique la position tout à fait périphérique de la plaie ; rougeurs et sensibilité modérées du lobe, absence de toute vision, mais perception de la lumière.

Les jours suivants l'imbibition du cristallin s'accuse de plus en plus, les masses les plus superficielles viennent faire hernie dans la chambre antérieure, à travers la pupille maintenue dilatée : en même temps des douleurs périorbitaires éclatent et trahissent, avec une rougeur périkératique intense et un œdème sous-conjonctival localisé dans le segment externe du globe, un commencement d'irido-choroïdite. Celle-ci est dans son complet développement le vingtième jour après l'accident; des exsudats se mêlent aux fibres cristalliniennes dans l'ouverture pupillaire et la chambre antérieure, l'iris ne réagit plus à l'atropine, le chémosis a gagné presque tout le pourtour de la cornée et il est impossible de conserver quelques illusions sur l'issue funeste de cet accident.

Dès ce moment aussi commencent à se manifester certains troubles du côté de l'oreille gauche, troubles auxquels le patient, tourmenté par les douleurs ciliaires, ne prête d'abord qu'une médiocre attention ; mais leur persistance, même pendant les périodes de calme dans les souffrances de l'œil, l'engage à me signaler la surdité relative dont il est atteint depuis quelques jours et surtout le bourdonnement incessant et très pénible qu'il ressent de ce côté ; « il me semble, dit-il, que j'ai constamment une abeille en mouvement dans le fond de l'oreille. » A part une légère injection le long du manche du marteau, l'examen ne révèle rien d'anormal dans le conduit et au niveau du tympan qui joue librement lorsque l'air est refoulé dans la caisse; les parties extérieures de l'oreille, le pavillon, ne présentent aucune différence de coloration avec celles du côté droit aux divers moments où l'examen est pratiqué ; le tic-tac de la montre, à gauche, n'est perçu qu'à dix centimètres, tandis qu'à droite il l'est à trente, distance faible assurément, mais il ne faut pas oublier que chez les forgerons et en général chez les ouvriers qui travaillent au milieu des bruits intenses, la finesse de l'ouïe diminue rapidement. N.... signale aussi, en dépit de la surdité relative de cette oreille, une impressionnabilité désagréable pour tous les sons aigus, une véritable hyperesthésie auditive qui l'oblige à boucher l'entrée du conduit avec un fort tampon de coton.

Me rappelant le fait précédent, j'engage N... à avoir patience et à attendre la guérison des phénomènes inflammatoires dont son œil gauche est le siège, convaincu qu'ils entrent pour la plus grande part dans l'étiologie des accidents auriculaires et que leur sédation pourra amener en même temps la disparition de ces derniers ; je l'engage aussi à bien surveiller la fonction de l'œil droit et à me prévenir à la moindre apparition d'un trouble quelconque dans la vision de cet œil, sachant comment les traumatismes de cette nature exposent à l'ophtalmie sympathique et trouvant d'ailleurs dans cette réaction si marquée de l'oreille un motif de plus pour la craindre. L'événement ne devait pas tarder à donner raison à ces craintes ; un mois et demi s'était à peine écoulé depuis l'accident, que N... se plaint de voir, par intervalles, moins nettement de l'œil droit qu'il l'avait fait jusqu'alors ; un brouillard plus ou moins épais, selon les moments, occupe toute l'étendue du champ visuel ; il y a en même temps de la photophobie, du larmoiement et, sans qu'on puisse noter de rougeur permanente du globe oculaire, il est facile de voir que cette injection tend à se produire sous l'influence de la moindre excitation. Convaincu que j'étais en présence des véritables prodromes d'une choroïdite sympathique, je n'hésitai pas à proposer l'énucléation de l'œil gauche, faisant valoir, pour rendre le sacrifice de cet œil moins pénible, la persistance des douleurs périorbitaires, la perte absolue de toute sensation lumineuse, la triste certitude qu'aucune opération ne pourra jamais lui rendre un degré quelconque de vision, enfin la perspective de voir en même temps disparaître la souffrance toujours continue et fort pénible procurée par le bourdonnement de l'oreille gauche.

L'ablation de l'œil est pratiquée le 23 août 1881. Dès le lendemain, disparition complète de tous les phénomènes subjectifs dont l'oreille et l'œil gauches étaient le siège. Pour l'oreille, le fait est d'autant plus remarquable que pendant plus d'un mois le bruit s'y est maintenu constant, tenace, sans variations bien marquées, analogues à celles qui se produisaient dans les crises de la névralgie ciliaire, sans accalmies autres que celles que pouvait procurer le sommeil, lorsque le patient

était assez heureux pour l'obtenir ; il y avait certainement là
plus qu'une simple coïncidence entre cette disparition et l'opération qui l'avait précédée de quelques heures. Cinq ou six
jours après, retour de l'ouïe à son degré normal, ainsi que
l'indique l'épreuve de la montre renouvelée à diverses reprises
avant et après l'énucléation, et qui donne une distance égale
pour les deux côtés ; l'examen du conduit et du tympan n'y
dénote aucune différence sensible avec l'état antérieur.

Observation XLV

Troubles otiques d'origine oculaire. — DE CAPDEVILLE
(*Marseille médical*, 30 décembre 1884).

Mme G..., 67 ans, présente à l'œil droit une cataracte len-
ticulaire arrivée depuis quelques mois à son état de complète
maturité ; l'œil gauche, également atteint, permet de distinguer
encore vaguement les objets. Santé générale parfaite.

Opérée le 5 avril 1879 ; kératotomie inférieure par l'incision
de de Grœfe modifiée, iridectomie ; issue un peu laborieuse
d'un cristallin très dur, volumineux, mais ne laissant derrière
lui aucun débris de couches corticales ; enclavement dans les
angles de la plaie du tissu de l'iris, qui résiste aux tentatives
de réduction. Suites régulières les jours suivants, bonne cica-
trisation de la plaie, sauf à ses deux extrémités, où se développe une petite saillie cystoïde ; papille parabolique, mais
bien noire ; vision très nette avec les verres appropriés.

Quatre mois après, en août, sans cause accidentelle appréciable, apparaissent quelques signes d'irritation ciliaire, se
traduisant par une certaine impressionnabilité à la lumière,
et la nécessité de se munir de verres bleutés ; puis, successivement, et dans l'espace de quelques semaines, troubles
fugaces de la vision, photophobie croissante, injection périkératique devenant de jour en jour plus accusée, sensibilité de
l'œil au toucher, surtout dans la région inférieure, au voisinage
de la cicatrice, qui devient le siège d'une vascularisation plus
intime et de traînées grisâtres : enfin, irruption d'une véritable
irido-cyclite aiguë, avec tous ses signes fonctionnels et
anatomiques : douleurs périorbitaires violentes, perte presque
complète de la vision, réduite à la seule perception de la

lumière, réduction de l'orifice pupillaire fortement attiré en bas, trouble diffus des humeurs intraoculaires, dureté du globe à la pression, etc.

Quelques jours avant l'apparition des phénomènes aigus du côté de l'œil, Mme G..., qui jusqu'alors avait joui d'une ouïe parfaite et n'avait jamais été incommodée par des bruits subjectifs, accuse dans l'oreille droite un bourdonnement léger, mais fatigant par sa persistance ; en même temps l'ouïe, de ce côté, lui paraît moins bonne qu'à l'ordinaire. Sur sa plainte réitérée à ce sujet. et en raison de l'incommodité qu'elle en éprouve, je pratique l'examen otoscopique, qui ne révèle aucune modification sensible dans l'aspect du conduit et du tympan ; la trompe d'Eustache est libre et l'expérience de Valsalva permet l'accès facile de l'air dans la caisse ; le battement de la montre n'est entendu qu'à 25 centimètres, tandis qu'à gauche il l'est à plus d'un mètre.

Un traitement révulsif et dérivatif approprié est appliqué pour combattre les phénomènes oculaires, dont la progression insidieuse ne laisse pas que d'être menaçante, et avec l'espérance de mettre en même temps un terme aux manifestations dont l'oreille est le siège. On a vu qu'il n'avait pas empêché l'état inflammatoire de l'œil de prendre le caractère aigu ; dès ce moment, les accidents auriculaires subissent eux-mêmes une recrudescence et accusent une forme nouvelle. Au bourdonnement continu devenu plus intense et tel que la patiente, subissant l'illusion d'un insecte bourdonnant dans le voisinage de son oreille, fait instinctivement des tentatives pour l'éloigner ou le fuir ; à la disparition complète de toute perception du battement de la montre au contact du pavillon et des parois crâniennes, viennent s'ajouter une tendance vertigineuse très marquée lorsqu'elle soulève la tête au-dessus de l'oreiller et quelques nausées. Nouvelle inspection du conduit et du tympan et même résultat négatif.

Mme G. refuse toute autre intervention thérapeutique que celle déjà mise en usage: apposition de mouches à la tempe et derrière l'oreille, administration de purgatifs énergiques. Sous leur action, une certaine sédation paraît se produire ; les douleurs ciliaires s'atténuent, le trouble des milieux intraoculaires s'éclaircit quelque peu et la perception visuelle se rétablit dans des proportions malheureusement bien réduites ;

simultanément le bourdonnement et le vertige s'apaisent, sans disparaître tout-à-fait cependant. Mais cette accalmie n'est pas de longue durée ; quinze jours à peine s'étaient écoulés, qu'une nouvelle poussée de cyclite se manifeste et avec elle tout le cortège des troubles de l'ouïe.

A ce tableau ne tardent pas à se joindre des symptômes inquiétants du côté de l'œil gauche ; cet œil, dont la cataracte s'était complétée, avait conservé jusqu'alors son aspect normal, une mobilité parfaite de la pupille qui réagissait sous l'influence des moindres variations de la lumière et une localisation très nette de la bougie promenée dans le champ visuel. A son tour il commence à trahir un peu moins de sensibilité à la lumière et la pupille devient paresseuse ; sans qu'il soit le siège de douleurs véritables, ni de tension exagérée, quelques arborisations vasculaires sous-conjonctivales indiquent un état pathologique, encore latent, mais donnant tout lieu de craindre l'apparition plus ou moins prochaine d'une poussée d'ophtalmie sympathique. Deux ou trois semaines se passent ainsi, pendant lesquelles des alternatives de mieux et de pire se succèdent sans autre résultat que de voir confirmer la perte totale et irrémédiable de toute vision dans l'œil droit dont la tension commence à baisser, et de s'assurer que le champ visuel de l'œil gauche tend à se rétrécir de plus en plus, en même temps que diminue son impressionnabilité à la lumière. L'oreille droite est restée le siège de ses bourdonnements qui par leur continuité sont peut-être plus pénibles que les douleurs ciliaires intermittentes ; l'ouïe de ce côté est toujours à peu près nulle.

La patiente, comprenant les dangers que court son œil gauche, seule ressource, qui lui reste pour récupérer la vision, se décide enfin à accepter l'énucléation de l'œil droit, énucléation qui, à plusieurs reprises déjà, lui avait été présentée comme urgente. Elle est pratiquée le 10 septembre, sept mois après l'opération de la cataracte, deux mois et demi après l'apparition des troubles auriculaires. Dans la journée même, cessation des douleurs péri-orbitaires et disparition complète du bourdonnement ; sensation de bien-être, accompagné pendant la nuit d'un sommeil calme et réparateur ; le lendemain et jours suivants la tête continue à être libre, elle peut se mouvoir dans tous les sens sans être entraînée par le vertige ; seule

l'ouïe du côté droit reste aussi affaiblie qu'avant l'opération.
' Mais ce qu'il y a de plus fâcheux c'est que l'état de l'œil gauche ne s'améliore pas. Tout en n'offrant pas plus que par le passé de signe d'inflammation franche et de douleurs véritables, il laisse facilement voir que la perception lumineuse, loin de gagner, baisse de plus en plus, que la pupille demeure inerte et l'iris dans un état de flaccidité trahissant un trouble profond de sa nutrition ; du reste, le globe lui-même ne tarde pas à perdre une bonne partie de sa tension, à subir un véritable ramollissement, indice d'une atrophie commençante. Dans ces conditions, toute idée d'une intervention opératoire quelconque est abandonnée et force est de laisser à cette personne la seule consolation d'avoir été débarrassée de ses douleurs ciliaires et des bruits auriculaires qui, pendant deux mois, l'avaient mise à la torture.

Observation XLVI

Lésion de l'oreille d'origine oculaire. — Bouchut (*Paris médical,*
15 et 22 juin 1889).

Un jeune homme, jadis officier dans l'armée de Garibaldi, reçut une balle morte sur la paupière droite, ce qui amena une contusion de l'œil, suivie d'hémorrhagies de la rétine constatées par M. Qualino. Cet œil n'a jamais recouvré ses fonctions et le sujet voit confusément les objets. Depuis lors, l'oreille correspondante s'est affaiblie et il s'est produit une surdité presque complète que j'ai pu constater.

Ce malade m'a raconté que deux de ses camarades blessés d'une façon analogue, l'un ayant une balle qui a traversé la racine du nez en amenant la perte de l'œil droit, et l'autre une balle dans la bouche ayant détruit l'œil gauche, sont l'un et l'autre sourds de l'oreille correspondant à la blessure de l'œil.

Observation LXVII

Dransart (*Annales d'oculistique*, 1880).

Broux, Gaspard, 28 ans, chaudronnier en fer à Brebières, se présente à la consultation de Douai, pour une paillette de fer incrustée dans la cornée de l'œil droit, le 11 juin 1880. La paillette est extraite immédiatement. Cet œil est presque perdu depuis cette époque et le malade en voit à peine pour se conduire. Il y a dans le champ pupillaire des opacités blanchâtres qui témoignent d'une cataracte traumatique résorbée : l'iris y adhère en plusieurs points. A la suite du coup reçu sur l'œil droit, le patient a perdu immédiatement l'ouïe du même côté.

16 juillet. — Le malade revient à la clinique ; il nous annonce qu'il devient sourd de l'oreille gauche et que la vision de l'œil correspondant diminue considérablement O. G. S = 1/15. Le sujet boit de l'alcool et présente un léger tremblement alcoolique.

20 juillet. — J'ai fait une iridectomie à l'œil droit. L'opération a considérablement augmenté la vision de cet œil, mais n'a pas agi sur le sens de l'ouïe, jusqu'à ce jour du moins.

15 septembre. — Le sujet entend beaucoup mieux qu'auparavant.

OBSERVATION XLVIII

DRANSART (*Annales d'oculistique*, 1880).

X..., garçon de 9 ans, père mineur, kératite diffuse de l'œil droit, dents crénelées, parents syphilitiques. Il y a un an, l'œil gauche a été atteint de la même affection, cet œil a une cornée nuageuse et n'est plus le siège d'aucun trouble inflammatoire. L'enfant se plaint de surdité de l'oreille droite. La surdité a coïncidé avec le début de l'affection oculaire du côté droit. Quand il a eu mal à l'œil gauche, l'oreille droite est restée intacte. Il raconte, en outre, que durant l'hiver, il a reçu une boule de neige sur l'œil droit, et que c'est à la suite de ce traumatisme qu'il est devenu sourd et que l'œil s'est enflammé. Le conduit auditif externe est libre, il n'y a pas de bouchon. La membrane du tympan paraît intacte. Le tic-tac d'une montre n'est perçu que si l'on pose l'instrument contre l'oreille ou contre un des os du crâne ou de la face. L'audition de l'oreille droite a toujours été excellente.

Observation XLIX

Dransart (*Annales d'oculistique*, 1880).

Dubois, Céline, d'Ewais, âgée de 18 ans. Entrée le 4 mai 1880, est sourde et aveugle. Traces multiples de scrofule. L'œil droit s'est perdu dans la première enfance, hernie de l'iris, taies de la cornée, staphylome antérieur. L'œil gauche est perdu depuis l'apparition des règles (par iritis). Trouble diffus de la cornée ; la sclérotique est bombée et bleuâtre, la pupille est en synéchie totale.

Je pratique une double iridectomie, à gauche et à droite. L'iris à gauche est très atrophié. Quinze jours plus tard, je revois la malade. Cette dernière voit clair et se conduit facilement, de plus, elle entend beaucoup plus distinctement. Aujourd'hui, la jeune fille peut travailler un peu et l'amélioration de l'ouïe s'est maintenue.

Observation L

Dransart (*Annales d'oculistique*, 1880)

Mlle X..., âgée de 8 ans, demeurant à Amiens. Kératite diffuse et synéchies postérieures à l'œil droit, antérieures à l'œil gauche. Etat général défectueux, a eu des tumeurs blanches aux deux genoux. La jeune fille est sourde depuis deux ans de l'oreille gauche.

Acuité visuelle : œil gauche 1/8.
Id.   œil droit 1/50.

Le conduit auditif externe et la membrane du tympan ne présentent rien d'anormal. Le 20 mai, chacun des deux yeux subit l'iridectomie. Le 10 juin, S — 1/5 aux deux yeux ; 15 jours plus tard, la mère me fait voir son enfant et m'assure que la petite fille entend mieux qu'auparavant.

Observation LI

Dransart (*Annales d'oculistique*, 1880).

Dubois, Henri, 23 ans, raboteur de fer à Douai, atteint de granulations conjonctivales. Œil gauche perdu complètement des suites de l'affection granuleuse, moignon atrophié, entropion. Tempérament lymphatique. Œil droit. Granulations conjoncti- vales abondantes. Kératite. Ulcérations de la cornée. Pannus.

Ce jeune homme, qui est atteint de troubles de l'ouïe, a fait maintes fois les remarques suivantes : quand les yeux sont relativement en bon état, l'ouïe augmente ; quand ils deviennent le siège d'une poussée inflammatoire, elle diminue d'une façon très notable.

Observation LII

Dransart (*Annales d'oculistique*, 1880)

Grosley, Adolphe, 56 ans, journalier à une fabrique de sucre. Entropion de l'œil droit, paupière inférieure, dont le début re- monte à 28 ans. La déformation palpébrale occasionnant de fré- quentes inflammations de l'œil, le sujet réclame l'opération, que nous lui faisons le 26 juillet dernier. Grosley est sourd depuis sept à huit ans. Le 6 août, en venant nous montrer son œil parfaitement guéri, il nous raconte qu'il entend beau- coup mieux depuis l'opération. Il nous affirme, en outre, que, depuis longtemps, il a remarqué la fâcheuse influence des poussées inflammatoires de l'œil sur l'oreille.

Quand l'œil rougit et lui fait mal, il entend beaucoup moins bien. Il entend beaucoup mieux quand l'œil n'est plus rouge. Grosley a le tempérament lymphatique.

Observation LIII

A. Boyer (de New-York) (*Annales d'oculistique*, 1895)

M. C. R..., âgé de 56 ans, me consulte le 17 juin 1888, pour un vertige intense accompagné de bruissements dans la tête. Il a eu la fièvre scarlatine à l'âge de 10 ans ; à la suite de cette maladie une oblitération complète de la cavité tympa- nique droite est survenue. Surdité complète à droite, dimi- nution de l'acuité auditive à gauche. Depuis ce temps, le ma- lade souffre d'un tintement continuel (son de cloche ou chant de cri-cri).

Dans l'enfance, il n'a jamais pu regarder une lampe allumée

ou un homme parlant au public sans ressentir une certaine confusion et sans observer une légère danse des objets environnants, ce qui force à détourner le regard pour un moment.

Ces symptômes devinrent plus fréquents avec l'âge, et à 21 ans il commence à avoir des vertiges nocturnes, qui survenaient ordinairement quand il était couché sur le côté droit, mais quelquefois aussi quand il était couché sur le côté gauche. Il a la conscience que quelque chose tourne dans sa tête et il est obligé de changer de position. A partir de ce moment, il ne peut jamais se renverser dans une chaise sans avoir le sentiment de faire une culbute en arrière. A l'âge de 40 ans, il offre en outre des congestions momentanées à la tête et des attaques de vertige giratoire accompagnées de nausées et de vomissements ; à 55 ans, il est pris subitement d'une attaque de vertige très fort, se manifestant par des étourdissements et des tournoiements objectifs et subjectifs, une faiblesse extrême et des vacillations. Le tintement habituel devient un bruissement fort, ressemblant au bruit d'un train de chemin de fer ou à celui produit par un fort vent dans une forêt. Cette attaque dure trois à quatre heures. Dix jours environ après, il en a une nouvelle durant six à douze heures. Les attaques augmentent en fréquence et en durée, et à l'époque où le malade vient à New-York, il en présente une qui dure une semaine.

Le malade a une démarche oscillante, le visage pâle, le front plié d'une façon anxieuse. Il porte la main à l'oreille pour entendre distinctement. L'oreille droite n'entend pas la montre appliquée au pavillon ; l'acuité auditive gauche est de 6/40. Le son du diapason est difficilement perçu à droite à travers l'air, un peu mieux à travers l'os. A gauche, la perception à travers l'air et à travers l'os, est également réduite. Oblitération de la cavité tympanique droite. Sclérose du tympan gauche. L'acuité visuelle est des deux côtés de 20/30 avec + 2,5. L'ophtalmoscope révèle une légère choroïdite maculaire des deux yeux. Il y a de chaque côté un ptérygion nasal bien développé et une congestion générale de la conjonctive bulbaire. L'examen des muscles révèle l'existence d'une ésophorie de 3° seulement, mais l'abduction est réduite à 1°. Avec un verre rouge placé devant un œil, il y a une diplopie homonyme variant de 3° à 6°.

Les muscles sont très rigides et ne permettent que de faibles excursions dans toutes les directions, surtout en haut. L'examen est répété pendant trois jours successifs et finit par révéler une ésophorie de 5°. Une ténotomie du droit interne droit, faite le 19 juillet, réduit l'ésophorie à 0°, produit une abduction de 7° et fait disparaître la diplopie. Le résultat est magnifique. Quand le malade revient le lendemain, les bruits ont cessé, la confusion a disparu et le malade peut sortir le 26 juillet. L'état musculaire ne change pas après l'opération.

Pendant quatre ans, le malade n'a ni vertige ni bruissements. Les tintements continuent, mais l'acuité auditive augmente de façon qu'il entend maintenant avec l'oreille gauche la montre à une distance de quinze pouces.

En 1892, il revient à New-York à cause d'une attaque légère de vertige. On trouve une légère ésophorie qui est corrigée par une ténotomie du droit interne gauche. Avant qu'on ait pu corriger les autres défauts trouvés lors du premier examen, le malade est rappelé à la maison pour une maladie de sa femme. Il se porte bien jusqu'au mois de janvier de cette année, moment où il revient, se plaignant d'étourdissements, survenant quand il se couche sur une chaise. On constate que les lignes visuelles sont parallèles, mais que le pouvoir rotateur, en haut, est fortement réduit, tandis que le pouvoir de rotation, en bas, est excessif. La correction de cette irrégularité fait disparaître immédiatement tous les symptômes. Les yeux tournent maintenant librement dans toutes les directions : il y a orthophorie et le visage du malade présente pour la première fois une expression de bien-être.

CONCLUSIONS

I. — Il existe entre l'organe de l'ouïe et celui de la vision des rapports anatomo-physiologiques qui expliquent la réaction pathologique de l'oreille sur l'œil et inversement.

Les relations anatomiques sont établies :

a) Par l'intermédiaire du cerveau (suppuration otique produisant un abcès cérébral qui déterminera de la névrite optique).

b) par le trijumeau et les anastomoses de ce nerf avec le facial (ainsi un lavage du conduit pourra produire du blépharospasme par excitation de l'auriculo-temporal, branche du trijumeau qui s'anastomose avec le facial, nerf de la paupière).

c) par les connexions avec les noyaux oculo-moteurs (troubles oculaires réflexes survenant dans le cours d'affections de l'oreille sans complications cérébrales).

Les relations physiologiques s'expliquent :

a) par les fonctions du trijumeau (recherches expérimentales),

b) par la physiologie des canaux semi-circulaires,

c) par le phénomène de l'audition colorée.

II. — Les troubles oculaires observés dans les maladies d'oreille sont très nombreux : les plus fréquents sont le nystagmus et la névrite optique. On peut rencontrer successivement du myosis, de l'iritis, des paralysies oculaires, du blépharospasme, des troubles de l'accommodation, des kératites et des lésions du fond de l'œil.

III. — Ces divers accidents oculaires s'observent dans les affections des divers segments de l'organe auditif, en particulier du conduit auditif externe, dans les otites moyennes suppurées compliquées ou non de mastoïdite, de méningite, d'abcès cérébral, de thrombose des sinus.

IV. Ils sont dus :

a) Soit à une propagation indirecte par l'intermédiaire du cerveau et de ses enveloppes ;

b) Soit à des influences nerveuses (troubles réflexes).

c) Soit à une propagation vasculaire sanguine (troubles infectieux).

V. Ils ne sont pas constants dans toute affection, même grave et compliquée, de l'oreille, mais quand ils existent dans ces cas, ils sont d'une importance capitale pour le diagnostic qu'ils assurent, pour l'intervention chirurgicale qu'ils rendent nécessaire.

BIBLIOGRAPHIE (¹)

ADLER. — Beobacht und Bemerk. ueber das Sehen der Taubst (*Da una mia rivista negli Annali di Ottalm.* Anno X, fasc. 2, p. 141).

ANDREW. — Du diagnostic des complications cérébrales dans les maladies de l'oreille, à l'aide de l'ophtalmoscope (*Revue de laryngologie*, 1884).

ANDREW. — *Medical record*, 29 septembre 1883.

D'ARSONVAL. — Surdité passagère produite par excitation de la rétine (*Bulletin médical*, 1888).

M. L. ASHER. — De l'otite moyenne à la suite de la résection du trijumeau (Beitrage z. Klin. Chir., XI, p. 3, 1894).

Melle N. ASTIER. — Observation d'un cas d'audition colorée (*Gazette hebdomadaire de méd. et chir.*, 1893).

AYRES. — Catarrhe aigu de l'oreille, avec vertige et œdème de la paupière (*New-Orleans med. and surg.* 1888).

BADAL. — Examen des yeux de deux cents sourdes-muettes, etc. (*Annales des maladies de l'oreille*, 1881).

BAGINSKY. — (*Arch. f. Anat. u. Phys.*, 1881).

BAGINSKY. — Comptes rendus de l'Académie des Sciences de Berlin, 1881.

BAGINSKY. — Ueber die Folgen der Drucksteigerung in der Paukenhohle und die function der Bogengange (*Monatsber. d. Berl. Akad.*, januar, p. 42, 1881).

BAGINSKY. — Zur Physiologic der Bogengange (*Arck. f. Anat. med. Phys.*, p. 253, 1885).

BARATOUX. — De l'audition colorée. Paris, 1888.

BARATOUX. — Audition colorée (*Pratique médicale*, 1888).

BARNIK. — Inaug. Dissert. Halle, 1893.

BARGELLINI. — Sulle simpatie che esistono tra l'occhio e l'orecchio (*Bolletino di oculistica*, vol. VII, p. 213).

---

(1) Tous ces auteurs ont été consultés, soit dans le texte original, soit dans des analyses de leurs travaux.

Baumeister. — Rétinite pigmentaire unilatérale avec surdité du même côté (*Albrecht von Grœf's Archiv für Ophtalmologie*, 1874).

Beaunis. — Du nystagmus expérimental (*Société de biologie*, 1888).

Beaunis. — Nouveaux éléments de physiologie humaine, 3ᵉ éd. Paris, 1888.

Bechterew. — Ueber die Verbindung der sogennanten peripheren gleich-geovichtorgane mit dem Kleinhirn (*Pflüger's Arch. f. d. ges. Phys.*, XXXIV, p. 362, 1885).

Berger. — Rapports des maladies des yeux avec les maladies générales.

Berger et Picqué. — Ostéite tuberculeuse du rocher, pachyméningite de voisinage. Compression du trijumeau. Troubles oculaires et auditifs. Mort et autopsie (Société anatomique, 1ᵉʳ oct. 1884).

Bergmann. — Traitement chirurgical des maladies du cerveau (Berlin, Hirschwald, 2ᵉ édition.

E. Bleuler et Lehmann. — Lichtempfindungen durch Schall, etc. Leipzig, 1881.

Boerne-Bettmann. — *Journ. of the amer. med. assoc.*, 1887.

Bonnafont. — Réflexions sur les phénomènes nerveux tels que vertiges, titubations, manque d'équilibre, etc., généralement attribués aux canaux semi-circulaires, pouvant également être produits ou provoqués par la simple pression de la membrane du tympan et de la fenêtre ovale (*Annales des maladies de l'oreille*, 1882).

Bonnier. — Zona ophtalmo-tympanique (Soc. de laryng., otol. et rhinol. de Paris, déc. 1893).

Bonnier. — Le nerf labyrinthique (*Archives internationales de laryngologie.* 1895).

Bonnier. — Rapports entre l'appareil ampullaire de l'oreille interne et les centres oculo-moteurs (Société de biologie, 1895).

Bonnier. — Tabes labyrinthiques (*Presse médicale*, 1895).

Boucheron. — De la pseudo-méningite des jeunes sourds-muets. De la surdi-mutité par otopiesis (compression auriculaire) (*Revue de médecine*, 1885).

Bouchut. — De la névro-rétinite dans ses rapports avec le vertige auriculaire et certaines maladies de l'oreille interne (*Paris médical*, 15 et 22 juin 1889).

Boyer (de New-York). — L'importance relative des affections labyrinthiques et oculaires dans l'étiologie du vertige (*Annales d'oculistique* 1895).

Brieger. — Ueber die pyamische Allgemeininfection nach Ohreiterungen (*Zeitschrift für Ohrenheilkunde*, Bd. XXIX).

Brieger. — Abcès cérébraux d'origine otique (66ᵉ réunion des naturalistes et médecins allemands à Vienne, 1894).

Brieger. — Sur les abcès cérébraux d'origine otique, et signification des lésions ophtalmoscopiques (Communicat. à la 66° réunion des naturalistes et médecins allemands à Vienne, 1894).

Burkner. — Nystagmus d'origine auriculaire (*Arch. f. Ohrenheilk.*, XVII, p. 187).

Buzzard — Blépharospasme d'origine otique (*Brit. med. journ.*, 1878).

Buzzard. — Un caso di blefarospasmo (Practitioner, Guigno, 1878. Da una rivista negli *Annali di Ottalmologia*, anno VIII, p. 377).

Calmettes. — De l'ophtalmoscopie dans les maladies de l'oreille (*Progrès médical*, 1882).

De Capdeville. — Relations pathologiques entre l'œil et l'oreille (Soc. méd. de Marseille, janvier 1883).

De Capdeville. — Relations pathologiques entre l'œil et l'orcille (*Marseille médical*, 1885).

Cartaz. — Cécité et surdité hystériques (Société française d'otologie, 1894).

Chabalier. — De la pseudo-chromesthésie (*Journ. de méd. de Lyon*, 1864).

Charazac. — Importance de l'examen ophtalmoscopique dans les affections de l'oreille (*Revue médicale* de Toulouse, 1887).

Chauvin et Fowler. — Citati da Adler.

Cognacq. — Audition colorée (Thèse de doctorat, Bordeaux, 1894).

Collineau. — L'audition colorée. L'asymétrie crânienne. (*Rev. mens. de l'Ecole d'anthrop. de Paris*, juin 1891).

Coppez. — Relation entre quelques maladies de l'oreille et celles de l'œil. Congrès de Genève (*Annales d'oculistique*, 1877).

Couëtoux. — Des affections de l'œil et de l'oreille (*Annales d'oculistique*, décembre 1892).

Cozzolino. — L'otojatria ed il medico generico et l'otojatria dell' oggi, per Vincenzo Cozzolino. Napoli, 1883.

Cyon. — Rapports physiologiques entre le nerf acoustique et l'appareil moteur de l'œil (*Académie des sciences*, 1876).

Dareix. — Audition colorée (*Gazette médicale de l'Algérie*, 1888).

Davidson. — De la surdité dans ses rapports avec la kératite panniforme et les dents incisives coniques (*Annales d'oculistique*, vol. VII, p. 125).

Deleau. — *Journal des connaissances médico-chirurgicales*, 1838, n° 6.

Desjardins. — *Annales d'oculistique*, 1880.

Deutschmann. — Uber Miliartuberculose des Gehirns u. seiner Häute u. ihren Zusammenhaug mit Augenaffektionen (*Arch. f. ophtalm. B. XVII*, 1881).

Dransart. — Congrès de Reims, 1880, et *Annales d'oculistique*, 1880.

Dransart. — Considérations cliniques sur les rapports pathologiques entre l'œil et l'oreille (*Annales d'oculistique*, 1880).

Dubranle. — Suppléance de l'ouïe chez les sourds par la lecture sur les lèvres (*Annales des maladies de l'oreille*, 1884).

M. Duval. — Traité de physiologie.

M. Duval et Laborde. — Troubles trophiques et de la sensibilité à la suite de la lésion expérimentale de la racine descendante du trijumeau dans le bulbe (Société de biologie, 1877).

Edinger. — Origines du nerf auditif (*Berlin. klin. Wochenschr.*, juillet 1886).

Eitelberger. — Gaugräu des Ohrmuschel (*Wien. med. Wochenschr.*, N° 21, 1885).

Epstein de (Berne). — Augmentation de l'acuité visuelle due à l'audition (3° congrès internation. de physiol., 1895).

Eulenstein. — Hémianopsie dans les abcès cérébraux d'origine otique. (*Monastschrift für Ohrenheilkunde*, mars 1895).

Feichenfeld. — De quelques réflexes déterminés à la surface de la conjonctive et de la cornée (*Klinische Monatsblatter für Augenheilkunde*, janvier 1893).

Ch. Féré. — La vision colorée et l'équivalence des excitations sensoreilles (Société de biologie, 1887).

Féré. — *Progrès médical*, 1888, p. 177.

De Forest Willard. — Abcès cérébral d'origne otique (*Annals of ophtalmology and otology*, 1891).

Forster. — Trattato di fisiologia. Seconda edizione italiana per cura di Michele Lessona, p. 503.

Forster. — In : Haudb. d. ges. Augenh. (Vol. III, p. 187).

Foucher. — Traité pratique des maladies des yeux, des oreilles, du nez et du larynx, 1894.

Fulton. — Un cas d'otite moyenne chronique suppurée avec affection intra-crânienne consécutive. Névrite optique double. Guérison complète (*Zeitschrift für Ohrenheilkunde*, 1885).

Fulton. — Ein Fall von chronisch-eitriger Mittelohrenentzünd mit nachfolg. intrakr. Erkrank. Doppels. Neuritis optica (*Zeitschrift für Ohrenheilkunde*, XIV, p. 218).

Gellé. — Des troubles oculaires, des lésions trophiques de l'œil dans leurs rapports avec les affections de l'oreille (Précis des maladies de l'oreille).

Gellé. — Physiologie de l'oreille (Dictionnaire de physiologie de Charles Richet).

Gellé — Destruction des deux limaçons chez un cobaye. Troubles oculaires (Soc. de biologie, juillet 1881).

Gellé. — Les inhibitions auriculaires (Soc. franç. d'otol., 1894).

Gérard-Marchant. — Les complications septico-pyohémiques dans l'otite (*Semaine médicale*, 1893).

Gifford. — Uber die Lymphströme des Auges (*Arch. für Augenheilk.*, 1886).

Giraudeau. — De l'audition colorée (*L'Encéphale*. 1885)

Gœthe. — Théorie des couleurs, 1810.

Gottstein. — Zur Pathogenese der subjediven gehernempfindungen. Krampf des stapedius combinirt mit Blepharospasmus (*Archiv für Ohrenheilkunde*, XVI, p. 61).

Gradenigo. — Pathologie du nerf acoustique (*Annales des maladies de l'oreille*, 1889).

Gradenigo. — Sulla eccitabilita elettrica del neroo acustico (*Giornale della R. Accademia di Medicina di Torino*, anno LII, N. 1, p. 71 e 72).

Grenfield. — Abcès cérébral d'origine otique (*Brit. med. journ.*, 12 février 1887).

Gruber. — Lehrbuch der Ohrenheilkunde, 2e éd. Vienne, 1888.

E. Grüber. — L'audition colorée et les phénomènes similaires (Internat. Congr. of experim. psycholog. London, 1892, p. 10).

Grützner. — Ueber den Einfluss einer Sinneserregung auf die cibrigea Sinnesempfindungen (*Deut. med. Wochenschr.*, N. 44, 1888).

Hartmann. — Traité des maladies de l'oreille, 1890.

George Heaton. — Les symptômes et le traitement de la thrombose infectieuse des sinus cérébraux (*The Practitioner*, 1875).

Hennebert. — Symptômes réflexes d'origine auriculaire (*La Clinique*, 1895).

Heyman. — Abcès cérébraux d'origine auriculaire (*Zeitschrift für Ohrenheilkunde*, XXIII Bd. 2, 3 et 4 Hft.).

Hilbert. — Ueber Association von Geschmacks und Geruchsempfindungen mit Farben und Association von Klangen mit Form vorstellungen (*Klin. Monats. f. Augenh.*, p. 1, 1885).

Holt. — Otite moyenne catarrhale aiguë, accompagnée de paralysie faciale et d'altération de la vue du côté malade (Bull. de la Soc. d'otol. américaine, 1889).

Högyes. — Sur les rapports réflexes des douze muscles des yeux avec les douze terminaisons nerveuses des nerfs de l'ampoule.

Högyes. — Ueber die warbren Ursachen der Schwindelerscbeinungen bei der Drucksteigerung in der Paukenböle (*Arch. f. d. ges. Phys.* XXVI, p. 558).

Hőgyes. — *Pflüger's Archiv.* XXVI, 1881.

Huglings Jackson. — Mouvements des yeux produits par la pression sur une oreille malade (*Ophtalm. soc. of great. Britann.*, 1883).

Huglings Jackson. — Movements of the eyes in ear disease-ophth. soc. of the United Kindom. — *Lancet* I. p. 104, Gennaio 20, 1885.

Hutchinson. — Etude clinique sur certaines maladies de l'œil et de l'oreille. Paris, 1884.

Javal. — Congrès français d'ophtalmologie, 4° session. Paris, 1885.

Jansen. — Nystagmus réflexe dans les maladies de l'oreille (*Archiv für Ohrenheilkunde*, 1894).

Jansen. — De la thrombose des sinus consécutive aux suppurations de l'oreille moyenne. Troubles oculaires (*Archiv für Ohrenkeilkunde*, 1894).

Keller. — Névrite optique dans les maladies de l'oreille moyenne (*Monatschrift für Ohrenheilkunde*, 1888).

Kisselbach. — Zur Function der halbzirkelförmigen Kanäle (*Archiv. für Ohrenheilkunde*, XVIII, p. 152, 1882).

Kisselbach. — 64° réunion des naturalistes et médecins allemands, à Halle, 1891).

Kipp. — Du développement de la névrite optique dans les cas d'inflammation purulente de l'oreille moyenne (*Zeitschrift für Ohrenheilkunde*, vol. XV).

Kipp. — On the association of aural disease, etc. (Transact. of the amer. otol. soc., 1883).

Kipp. — Otite moyenne et névrite optique (Société d'otologie américaine, 1892).

Kipp. — Otite moyenne et névrite optique (*New-York med. record*, 1892).

Kirchner. — Sur les phénomènes de circulation et de sécrétion dans la caisse du tympan (*Monatsch. f. Ohrenheilk.*, n° 4, avril 1882).

Kispert. — Perte de la vue et de l'ouïe d'un côté par suite d'une paralysie du sympathique (*Deutsch. Zeitsch. f. praktisch. medicin*).

Knapp. — Abcès cérébral d'origine otique (*Zeitschrift für Ohrenheilkunde*, XXVI, Bd. 11 Hft , S. 20).

Knapp. — Augen und Ohrenärtzliche Reisenotigen (*Arch. für Ohren und Augenh.* Vol. 2, 2, p. 190).

Knapp. — Klinische Analise der autzündlichen Affectionen des inneren Ohres (*Arch. für Ohren und Augenh.* Vol, 2, I, p. 268).

Knapp. — Die schwere Fälle von Erkrankung des Warzenforts, etc. (*Zeitschrift für Ohrenheilkunde*, XIII, p. 38, 1884).

Knapp. — Deux cas de surdité consécutive à une méningite cérébro-spinale, l'une unilatérale, l'autre bilatérale, avec affection simultanée des yeux. Guérison d'un cas (*Zeitschrift für Ohrenheilkunde*, 1885).

Knapp. — Otorrhée chronique. Névrite optique. Hémianopsie homonyme. Ouverture de la mastoïde. Guérison (*Arch. of otol.*, n° 3, 1894).

Körner. — La propagation des affections de la caisse au cerveau par le canal carotidien (*Arch. of otol.*, vol. XXII, n° 2, 1893).

Körner. — Contribution à l'étude des déhiscences dites spontanées du toit de la caisse du tympan (*Archiv für Ohrenheilkunde*, vol. XXVIII).

Kreidl. — Section de l'acoustique (*Soc. império-royale de méd. de Vienne*, 1895).

Kynaston. — Réflexes auriculaires (*Lancet*, juin 1888).

Ladame. — Die Symptomatologie der Gehwisgeschwülste-Würzburg, 1865.

Lee. — *Brit. med. journ.* II, 1184 1883.

Löwenberg. — D'une forme spéciale de vertige auriculaire (*Bulletin médical*, 1891).

Löwenberg. — Recherches physiologiques sur le rôle des canaux semi-circulaires du labyrinthe (*Arch. of ophtalm. and otol.*; 1872).

Luc. — *Médecine moderne*, 7 novembre 1896.

Luccœ. — Ueber optischen Schwindel bei Druck erhœhung im Ohr (*Arch. d. Phys. von Dubois-Reymond*, 1881).

Luccœ. — Ueber optischen Schwindel bei Druck erhœhung im Ohr (*Arch. f. anat. med. Phys.*, p. 163, 1881).

Luchhau. — Ueber Ohren.-und Augenkr. bei Feleris recurrens.

Lussana. — Fisiologia dei colori (Padova, 1873).

Lussana — *Giornale internaz. delle sc. med.* 1884, n° 9.

Lussana. — Sull' udizione colorata (*Archivio italiano per le malattie nervoso*. Anno XXI, fasc. 5, settembre 1884).

Lupten — Zwei Fälle von caries des Schläfenbeines (*Zeitsch. f. Ohrenh.*, XIII, p. 295, 1884).

Macé. — Des altérations de la sensibilité. Thèse Paris, 1860.

Maceven. — Abcès cérébelleux consécutif à une otite suppurée (*Arch. of otol.*, n°ˢ 3 et 4, 1889).

Mach. — Grundlinien der Lehre von den Bewegungsemfindungen (Leipzig, 1875).

Magnan. — Vertige ; raideur et torsion du cou, nystagmus, mouvement de manège et roulement à la suite d'un eczéma du conduit auditif chez un lapin (Soc. de biologie, mars 1888).

Maloney. — Rôle du sphénoïde dans l'audition (*New-York med. journ.*, 11 août 1888).

Marmaduke Sheild. — Thrombose des sinus avec symptômes oculaires (*Arch. of otol.* Vol. XXI).

Martial Morisset. — Etude sur la pression intra-labyrinthique (Th. de doctorat, 1878)

Masini. — Vertiges (*Arch. ital. di otol.*, fasc. 4, 1893).

G. Mayerhausen. — Association des sons, spécialement de la parole avec les couleurs (*Klin. Monatsblat. für Augenheilkunde*, 1882)

E. Meier. — De la transmission des suppurations otiques à la cavité crânienne par le canal carotidien (*Arch. für Ohrenheilkunde*, XXVIII, 3-4, 1867).

Mendel. — Du vertige (Soc. de médecine berlinoise, mai 1895).

Michael Cohn. — Affaiblissement de la vue et de l'ouïe, congénital, amélioré par le traitement (*Berliner klinische Wochenschrift*, N° 15, 1885).

Michael Cohn. — Du nystagmus dans les affections de l'oreille (*Berliner klinische Wochenschrift*, N°° 43 et 44, 1891).

Moos. — Ueber das combinirte Vorkommen von Störungen im Sehuud Gehörorgan (*Arch. für Augen und Ohrenheilkunde*, Vol. VII, 2ᵉ partie, p. 5o8).

Moos. — Nystagmus d'origine otique (*Zeitschrift für Ohrenheilkunde*, Vol. XII).

Nimier. — De l'audition colorée (*Gazette hebdomadaire de méd. et chir.*, mars 1891).

Nuel. — Audition colorée, Dictionnaire de physiologie, Richet.

O'Bride. — A new theory as to the function of the semicircular canals (*Journ. of. anat. and Phys.*, XVII, 1883.)

Oehl. — Manuale di fisiologia. Parte 3ᵉ, p. 299.

Panas. — Traité des maladies des yeux.

Pedrono. — De l'audition colorée (*Annales d'oculistique*, 1882, p. 225).

E. Pflüger. — *Deutsche Zeitschr. f. pract. Med.*, 1878, n° 35.

Pflüger. — Nystagmus symptomatique des maladies de l'oreille (*Deutsche Zeitschr. f. praktisch. Med.* 1878).

Pflüger. — De l'influence de l'oreille externe et moyenne sur les sens et notamment sur la vision (*Arch. für d. Ges. Physiol.* Bd. XXX).

Pignol. — *Encéphale*, 1885.

J. Pollak. — Du « vertige galvanique » chez les sourds-muets et de ses rapports avec les fonctions du labyrinthe (*Arch. für die ges. Physiol.* 1893).

Pomeroy. — Otite moyenne compliquée d'irido-choroïdite et d'abcès du cou (*Medical record*, 1887).

Pooley. — Névrite optique et maladie de Ménière (*New-York med. journ.*, 1887).

Quincke. — Zur Physiologie der Cerebrospinalflüssigkeit (*Arch. von Reichert u. du Bois Reymond*, 1872).

Rampoldi. — *Annali di ottalmologia*, XVIII° année.

Rampoldi. — Amélioration de la faculté auditive à la suite d'une iridectomie (*Annali d'Ottalmologia*, X).

P. Raymond. — Une observation d'audition colorée (*Gaz. des hôpitaux*, 1889.)

Reclus. — Des ophtalmies sympathiques (Thèse d'agrégation, 1878.)

Reid J., Mac Hay. — Cas d'un polype auriculaire compliqué de paralysie faciale, de mastoïdite et méningite chronique. Guérison des deux dernières affections. Troubles oculaires (Transactions of the american otological society, Vol III, part. I).

C. Richet. — Expérience sur le réflexe de direction de l'oreille chez le lapin (Soc. de biologie, juin 1886).

de Rochas. — Les rêves scientifiques (*Revue scientifique*, février 1891).

de Rochas. — *La Nature*, 1885.

Rohrer. — Rapports des affections oculaires avec des affections de l'organe de l'ouïe. (*Annales d'oculistique*, mars 1894).

de Rossi. — Le Mallatie dell' orecchio. Roma, 1884, 2ª edizione.

Sachs. — Historiœ naturalis duorum leucœthiopum auctoris ipsius et sororis ejus. Erlangen, 1812.

Saint-John Roosa. — Traité d'otologie pratique. New-York, 1888.

Schafer. — Die Augen di Zöglinge der Taubstummenaststalt in Gerlachsheim. (*Centr. f. prakt. Augenh.*, Marz, p. 95, 1887.)

Scheukl — Association der Worte mit Farben (*Arch. f. Augenh.*, XI, p. 96).

Schiffers. — 5° réunion annuelle des oto-laryngologistes belges, 1874.

Schmiegelow. — De l'aliénation des mouvements forcés et autres névroses réflexes, occasionnés par les maladies de l'oreille moyenne (*Revue de laryngologie*, août 1887).

Schmiegelow. — Quelques cas rares de maladies de l'oreille moyenne, compliquées d'affections intra-crâniennes (*Arch. f. Ohrenh.*, XXXI, Bd.)

Schubert. — Quelques complications graves de l'otite moyenne (*Monatschr. f. Ohrenh.*, novembre 1894).

Schwabach — Nystagmusartige Augenbewegungen in Folge eines Ohrenleidens. (*Deutsche Zeitsch. f. pract. Med.*, 1878. N° 11).

Schwabach. — Nystagmus symptomatique des maladies de l'oreille (*Deutsche Zeitschr. f. prakt. Med.*, 1878).

Schwartze. — Affections chirurgicales de l'oreille, 1885.

Seely. — Quelques remarques générales sur l'otologie (*The Cincinnati Lancet and Clinic*, 1882).

Sérieux. — Cas d'agraphie avec cécité et surdité verbales (Soc. de biologie, 1892).

Henry Sewall. — Réflexes portant sur les yeux et d'autres organes à la suite d'irritation labyrinthique (*Journal of physiology*, 1884-85).

Sichel. — Cécité et surdi-mutité congénitales (*Annales d'oculistique*, 1865).

Spear. — Relation entre les fonctions du nerf moteur oculaire externe et une branche du nerf auditif (*Medical News*, 1892)..

Stein. — Influenza dei suoni e delle vibrazioni del diapason sull' occhio (Congr. med. russo, 1887. — Da una rivista negli Annali di ottalmologia. — Anno XVI, fasc. 4, p. 349).

Stimson. — Abcès cérébral d'origine otique (*New-York med. journ.*, 30 mars 1891).

Styx. — *Centralblatt f. d. med. Wissenschaft.*, N° 22, 1889.

Suarez de Mendoza. — L'audition colorée. Paris, 1890.

Suarez de Mendoza. — Sur les fausses perceptions sensorielles secondaires, et particulièrement sur les fausses sensations de couleurs associées aux perceptions objectives des sons (Soc. française d'otol. et de laryng., 1890).

Szenes. — Examen ophtalmoscopique dans les maladies de l'oreille (Soc. d'otol. et de laryng. hongroise, 1894).

G. E. Thorp. — Audition colorée et ses rapports avec la voix (*Edinburg med. journ.*, 1893).

Trousseau. — Iritis et irido-choroïdites infectieuses (*Annales d'oculistique*, 1894).

Urbantschitsch. — Ueber den Einfluss von Trigeminusreizen auf die Sinnesempfindungen insbesondere auf den Gesichtsinn. (*Arch. f. d. ges. Phys.*, p. 129, XXX, 1882).

Urbantschitsch. — Ueber den Einfluss der Erkrankungen des ausseren und mittleren Ohres auf die Sinnesempfindungen, unsbesondere auf den gesichtsinn (*Wien. med. Bl.*, n° 42, 1882).

Urbantschitsch. — De l'influence de l'oreille externe et moyenne sur les sens et notamment sur la vision. (*Auzerg. d. yes. Aertzte in Wien*, 1883).

Urbantschitsch. — (*Bulletin médical*, 1879).

Urbantschilsch. — Des influences réflexes exercées sur l'œil par l'intermédiaire de l'organe de l'ouïe (*Wiener klin. Wochenschrift*, 1896).

P. Verdos. — Un cas de diplopie réflexe par lésion de l'oreille (*Revista de laryng. otol. y rhinol.*, 1891).

de Wecker. — Traité d'ophtalmologie.

Wherry. — Atrophie du globe oculaire gauche avec paralysie des 5ᵉ et 7ᵉ nerfs du même côté (Soc. méd. de Cambridge, 1881).

Williams. — Perte subite et temporaire de l'ouïe et de la vue (Soc. opht. américaine, 1876).

ZAUFAL. — Ueber der Wichligk. d. Unters. d. Augenhintergr. f. d. Diagnose et. de Krank. di Gehörorgane (*Prag. med. Woch.*, N° 45, 1881).

ZAUFAL. — Sur le traitement opératoire des corps étrangers de la caisse du tympan. Importance de l'examen ophtalmoscopique (*Prager med. Wochenschrift*, 1889).

ZIEM. — Blépharospasme d'origine auriculaire (*Deutsche med. Wochenschr.*, 1885).

ZIMMERMANN. — Cellulite orbitaire et mastoïdite (*Arch. of otol.*, 1892).